Christa Kössner · Das Freizeitspiel

Christa Kössner

Das Freizeitspiel

80 Ideen
für eine erfüllte Freizeit

Eine spielerische Ideensammlung
praktischer und spiritueller Alternativen
für eine sinnvolle Freizeitgestaltung

ENNSTHALER VERLAG STEYR

www.ennsthaler.at

ISBN 978-3-85068-727-0

Christa Kössner · Das Freizeitspiel
Alle Rechte vorbehalten
Copyright © 2008 by Ennsthaler Verlag, Steyr
Ennsthaler Gesellschaft m.b.H. & Co KG, 4400 Steyr, Österreich
Umschlag und Satz: DIE BESORGER mediendesign & -technik, Steyr

VORWORT UND EINLEITUNG

Die Themen des Freizeitspiels sind nicht neu. Einige werden dir sehr vertraut sein, andere die Vielfalt der Möglichkeiten ergänzen und abrunden. Ich habe achtzig Ideen zusammengefasst, in ein System gebracht und für dich als SPIEL geformt. Vielleicht fragst du dich, ob auch die Erfinderin des Freizeitspiels tut, was ihr die Karten vorschlagen? Selbsteinschätzung ist manchmal eine heikle Sache, aber ich denke, dass ich derzeit bei etwa 70 % liege, was die Durchführung der Spielideen betrifft. Das Freizeitspiel ist insofern ein Prototyp, da es sich von anderen Kartenspielen in folgenden Punkten unterscheidet:

Es gibt keine fixen Spielregeln.
Die Karten dienen größtenteils als Anregung und Motivation. Die einzelnen Ideen mögen dich wachküssen, ein bestimmtes Thema in Eigeninitiative weiterzuverfolgen – besonders dann, wenn es dir fremd oder neu ist.

Das Freizeitspiel ist ausbaufähig.
Du bekommst zu jeder Karte im beigefügten Buch einen Überblick, wie du das Thema angehen könntest. In welchen Schritten du dabei vorgehst, was du ergänzt oder wie kurz oder lange du mit dem aktuellen Thema spielst, bleibt dir überlassen.

Die Anzahl der Spieler ist offen.
Das Freizeitspiel ist eine erquickliche Beschäftigung für dich allein, doch ebenso können sich daraus interessierte Paare, Gruppen oder begeisterte Freaks entwickeln, die sich über einen längeren Zeitraum einer speziellen Sache widmen.

Ein paar Requisiten werden gebraucht.
Ich habe diese betont einfach gehalten, weil ich dich auffordern möchte, nicht gleich ins nächste Geschäft zu laufen ... sondern zuerst in deinem Haushalt nachzusehen und vielleicht auch ein bisschen erfinderisch zu werden. Solltest du noch keinen Internetanschluss besitzen, findest du auf den Karten jeweils alternative Möglichkeiten.

Jedes Thema ist durch ein „Leittier" symbolisiert.
- ✗ Das gebildete DROMEDAR
- ✗ Der positiv denkende HUND
- ✗ Der ordnungsliebende MAULWURF
- ✗ Die kreative ROBBE
- ✗ Die fitnessbegeisterte GÄMSE
- ✗ Der auf sein Gedächtnis achtende REIHER
- ✗ Die friedliebende EULE
- ✗ Das vergnügliche CHAMÄLEON

Jedes Leittier präsentiert dir zehn verschiedene Ideen zu einem bestimmten Thema.
Jede Idee ist auf der entsprechenden Karte durch deren Anfangsbuchstaben gekennzeichnet.

Spielregeln gibt es keine.
Die Art und Weise, wie ... wie lange ... und wie oft du das Freizeitspiel verwendest, möchte ich bewusst dir überlassen. Zum Anfangen gebe ich dir jedoch gerne vier Tipps:

✗ Du kannst aus 8 Themen nach Lust und Laune *ein Thema gezielt auswählen* und dann aus 10 Ideenkarten zu diesem Thema eine Karte verdeckt ziehen oder bewusst auswählen.
✗ Du kannst *alle 80 Karten mischen und verdeckt auflegen.* Daraus ziehst du eine für den heutigen Tag oder eine/zwei als Wochenspielaufgabe/n.
✗ Du kannst bewusst über einen längeren Zeitraum *ein Thema mit allen 10 Karten* durchspielen und ausbauen.
✗ Dieses Symbol ○ zeigt entweder generell die Verbindung zu einem anderen Thema auf oder weist auf eine bestimmte Karte innerhalb eines Themas hin. Das Symbol ○ fordert dich freundlich auf, *themenübergreifend* weiterzuspielen, anstatt eine neue Karte zu ziehen.

Freihandzeichnungen
Als einziges Hilfsmittel für 80 Zeichnungen habe ich ein Lineal verwendet und zwei-, dreimal den Rand einer Tasse für einen Bogen. Kleine Unregelmäßigkeiten waren daher nicht auszuschließen. Danke, wenn du mit einem Lächeln darüber hinwegsiehst.

Dieses Spiel habe ich für Menschen erfunden, die
- ✗ sinnvolle Alternativen zur Freizeitgestaltung suchen.
- ✗ sich gerne alleine beschäftigen.
- ✗ Gruppenspiele mögen.
- ✗ sich manchmal einsam fühlen.
- ✗ einen Pensionsschock befürchten.
- ✗ vorübergehend arbeitslos sind.
- ✗ in Karenz sind.

Damit du wirklich 100%igen Spielerfolg und dadurch das gigantische Erlebnis einer erfüllten Freizeit genießen kannst ...
... musst du TUN,
was dir die Karte vorschlägt. Ich bin wahrlich kein Freund diesse Wortes „muss". Aber in diesem Spiel halte ich es für wichtig. Du musst es TUN! Du musst dich aufraffen, deinen verstaubten Schulatlas hervorzuholen oder deine alten Sportschuhe. Du musst deinen inneren Schweinehund besiegen und zu Farben, Stiften oder einer Kamera greifen ... Du musst es TUN! Du musst den Willen aufbringen, deinen Kleiderschrank zu durchforsten oder eine Bibliothek oder ein Internet-Café aufzusuchen.

Es hilft dir wenig, das Spielbegleitbuch nur zu lesen. Bestenfalls hast damit deine Freizeit ein, zwei Stunden ausgefüllt und schaust danach wieder gelangweilt ins Leere. Ich habe dieses Spiel für dich erfunden, weil ich mir wünsche, dass du aus deiner Höhle herauskriechst und etwas Neues ausprobierst! Ich will dir zeigen, wie viele Möglichkeiten dir offen stehen! Aber – du musst es **TUN**!

Schon aus der Schöpfungsgeschichte kennen wir die drei entscheidenden Schritte zur Manifestation: Gedanke – Wort – Tat. Auf dich übertragen, hattest du kürzlich den **Gedanken**, deine Freizeit bewusster zu gestalten. Du kauftest ein Freizeitspiel, das 80 Ideen (**Worte**) für dich enthält. Jetzt bist DU an der Reihe, das „Wort" in die **Tat** umzusetzen!
Ich wünsche dir viel Spaß und Freude dazu!

Herzlich Christa Kössner

Inhaltsverzeichnis

8 Themen zu je **10 Karten** = **80 Karten**
Jedes Thema ist durch ein Leittier gekennzeichnet.
Die **fettgedruckte** Zahl = Kartenzahl
Die *kursive* Zahl = Seitenzahl

DAS GEBILDETE DROMEDAR

1 Geografie *15* · **2 Kirchen** *17* · **3 Flora** *19*
4 Fremdsprachen *22* · **5 Wohnbezirk** *24*
6 Biografie *26* · **7 Fauna** *28* · **8 Computer** *31*
9 Musik *34* · **10 Geschichte** *37*

DIE FITNESSBEGEISTERTE GÄMSE

1 Wandern *39* · **2 Tägliche Alternativen** *41*
3 Kraftatmen *43* · **4 Schwimmen** *44* · **5 Laufen** *46*
6 Hund *48* · **7 Individueller Entschlackungstag** *51*
8 Thera®-Band, Hometrainer, Radfahren *53*
9 Gymnastik *55* · **10 Tanzen, Spielen** *57*

DIE FRIEDLIEBENDE EULE

1 Meditation *59* · 2 Vergeben *61*
3 Buchempfehlungen *63* · 4 Danken *65*
5 Ritual *67* · 6 Gebet *70* · 7 Medien *72*
8 Altar *74* · 9 Brief *75* · 10 Wortspiel *77*

DER AUF SEIN GEDÄCHTNIS ACHTENDE REIHER

1 Kreuzworträtsel *78* · 2 Ahnenforschung *80*
3 Wortspiele *82* · 4 Zahlenspielereien *85*
5 Bildung/Wiederholung *88* · 6 Regierung *89*
7 Gedichte, Balladen, Liedtexte *90* · 8 Kindheit *92*
9 Buch/Filmtitel *95* · 10 Ernährung *97*

DIE KREATIVE ROBBE

1 Zeichnen, Malen *98* · 2 Erfinden *101*
3 Formen/Modellieren *103* · 4 Kochen *106*
5 Fotografieren *109* · 6 Wohnraum *112*
7 Schreiben *115* · 8 Kleidung *118*
9 Spontanparty *121* · 10 Kreativkurse *123*

DER ORDNUNGSLIEBENDE MAULWURF

1 Selbstcheck *126* · **2 Menschen** *129*
3 Küche *132* · **4 Outfit** *134* · **5 Bücher** *137*
6 Pflanzen *139* · **7 Stoffe** *142* · **8 Müll** *145*
9 Fotos, CD, DVD, Video *148* · **10 Laden** *151*

DER POSITIV DENKENDE HUND

1 Talente *153* · **2 Gedankenhygiene** *155*
3 Leitwort *158* · **4 Sprache** *161*
5 Gegenwart *164* · **6 Loslassen** *166*
7 Sorgen *168* · **8 Geld** *171* · **9 Fördern** *174*
10 Spiel *176*

DAS VERGNÜGLICHE CHAMÄLEON

1 Singen *178* · **2 Kontakte** *180*
3 Bewegung *183* · **4 Orakel** *186*
5 Privatsammlung *188* · **6 Kultur** *191* · **7 Zoo** *193*
8 Urlaub *195* · **9 Akzente** *198* · **10 Freude** *201*

DAS GEBILDETE DROMEDAR

1 – Geografie

✗ Papier und Stift
✗ Atlas/Autoatlas
✗ Landkarten/Straßenkarten
✗ Internet

Beginne mit deinem **Heimatland** und dessen Bundesländern (wie viele?) samt Hauptstädten (wie heißen sie?). Gehe dann über zu den **europäischen Ländern** (wie viele?) samt Hauptstädten (wie heißen sie?). Nach Lust und Laune kannst du deine Kenntnisse auf **Afrika, Amerika und Asien** ausdehnen. Notiere **zuerst frei aus dem Gedächtnis** ⊃ REIHER heraus, was dir dazu einfällt.

Wie viele **Weltmeere** gibt es und wie heißen sie?
In welche Meere gliedert sich das **Mittelmeer**?
Welche **Inseln oder Inselgruppen** fallen dir spontan ein und wo liegen sie?
Wie heißt der **längste Fluss deines Heimatlandes**, in welches Meer mündet er?
Welche **europäischen Flüsse** fallen dir spontan ein?

Wie heißt der **höchste Berg deines Heimatlandes,**
wie hoch ist er?
Wie heißt der **höchste Berg der Welt,** wie hoch ist er,
wo liegt er?
Berühmte Gebirgszüge und wo sind sie?
Erweitere diese Fragenkette ... vielleicht zusammen mit Freunden oder Bekannten ◐ CHAMÄLEON 2-K.

Zusatzspiel: „Meine Traumreise"
Wenn dir alle Möglichkeiten offen stünden ... was würdest du gerne erleben?
Stelle **deine ganz persönliche Reise** ◐ CHAMÄLEON 8-U zusammen, indem du dich über den Ort deines Wunschzieles entweder im Internet eingehend informierst oder im Zuge eines Spaziergangs ◐ GÄMSE 2-TA zur nächsten Buchhandlung oder Bibliothek pilgerst. Mache dir Notizen und/oder Skizzen. Tu einfach so, als würdest du deine Reise in vier Wochen antreten. Dazu gehören auch die Reisekosten und das Transportmittel deiner Wahl. Das Beschäftigen mit deinem Lieblingsziel wird deine Freizeit füllen! Aber nicht nur das. Es kann sein, dass du ein Glücksgefühl der Vorfreude verspürst. Und Vorfreude ist bekanntlich die schönste Freude. Selbst wenn du den Ort deiner Wahl nie wirklich kennenlernen wirst, hast du dennoch eine Verbindung dazu in dir selbst geschaffen – und das ist wahrlich etwas sehr Schönes.

2 – Kirchen

✗ Papier und Stift
✗ Lexikon/Internet
✗ evtl. Fotoapparat

Suche die **nächstgelegene Kirche in der Umgebung** auf. Diese Idee hat nur am Rande mit Religiosität zu tun, es sei denn, du möchtest gerne einer Messe beiwohnen. Ausgerüstet mit einem Fotoapparat ○ ROBBE 5-F wirst du an dieser Kirche vielleicht Details bemerken, die dir vorher noch nie aufgefallen sind. Betrachte das Bauwerk mit Muße und voller Aufmerksamkeit. Natürlich bekommst du einen noch tieferen Eindruck, wenn du hineingehst und das Flair des Innenraumes auf dich wirken lässt. Vielleicht möchtest du eine Kerze für jemanden anzünden oder ein paar Worte sprechen ○ EULE 2-V und ○ EULE 6-G?

Wähle eine Kirche **in einem anderen Stadtteil** oder im **nächstgelegenen Ort** und verbinde eine Besichtigung dieser Kirche mit einem Spaziergang ○ GÄMSE 2-TA und ○ GÄMSE 5-L.

Welche **berühmten Kathedralen oder Dome** ○ REIHER 5-B fallen dir spontan ein?
Wer hat sie erbaut? In welcher Stilrichtung? In welcher Stadt sind sie?

Das Freizeitspiel

Welche Kirche gefällt dir am allerbesten und warum? Was ist das Besondere für dich daran?

Stell dir vor, du würdest für den Entwurf einer neu zu erbauenden Kirche eine Million Euro bekommen. Vorgaben bezüglich Größe und Aussehen gibt es keine. Du hast also die freie Wahl, **eine Kirche nach deinem Geschmack** ◐ ROBBE 2-E zu erfinden und diese zu zeichnen ◐ ROBBE 1-ZM. Wohlgemerkt für einen Riesenbatzen Geld! Es wäre daher super, wenn du dich in deinen Entwurf hineinsteigerst und dir genügend Zeit dafür nimmst. Vielleicht wird dein Bild sogar bunt oder mit Tuschestiften perfektioniert? Bestimmt findet sich in deiner Wohnung eine Ecke, wo dein Werk in einem Bilderrahmen schlussendlich zur Geltung kommt ◐ ROBBE 6-W.

Das gebildete Dromedar

3 – Flora

- ✗ Papier und Stifte, Malfarben, Kreiden
- ✗ Lexikon/Internet
- ✗ Fotoapparat/Fotohandy

Beginne mit **deinen Zimmer- oder Gartenpflanzen**. Wie **heißen sie** denn alle?
Und wie sehen sie derzeit aus (fröhlich, traurig, trocken, schwammig, verwelkt, blühend, einsam, gedrängt im Topf oder Beet usw.)? Schenke jeder einzelnen Pflanze ein paar Minuten Zeit, indem du sie betrachtest und hinspürst, was sie zurzeit von dir braucht ○ MAULWURF 6-P. Das ist kein Humbug. Probiere es bitte aus und empfange eine Botschaft ... von deinem Gummibaum oder von deiner Zimmertanne. Vielleicht ist es bloß ein bisschen Fürsorge oder weniger/mehr Wasser ... vielleicht Dünger oder etwas frische Erde ... die du investieren könntest. Du bist für die Bedürfnisse deiner Pflanzen verantwortlich und sie werden es dir danken!

Zeichne/male **deine ganz persönliche Lieblingsblume.** Für überaus wichtig halte ich dabei, dass du sie aus deiner Vorstellung heraus malst (nicht von einer Vorlage abzeichnen). Warum? Weil es dabei weniger um Perfektion geht, sondern viel mehr um Freude ○ CHAMÄLEON 10-F und Erfindergeist

Das Freizeitspiel

◐ ROBBE 2-E. Deine Lieblingsblume wird soeben geboren, eine neue Züchtung oder Kreuzung sozusagen!

Zusatzidee:
Aus jeder Zeichnung kannst du um wenig Geld in einem Copycenter Postkarten oder Geschenkanhänger fertigen lassen. Ein ganz spezieller Gruß für liebe Freunde!

Zusatzspiel „Spiegelbild Pflanze"
Welche Pflanze (Blume, Strauch, Baum, Gewürz …) **magst du am liebsten?** Was genau gefällt dir so gut an dieser Pflanze? Notiere das, bestenfalls in Eigenschaftswörtern. Danach setze anstelle deiner Lieblingspflanze das Wort „Ich" ein. Warum das funktioniert? Weil du in dieser Pflanze *Eigenschaften von dir selbst* gespiegelt siehst!

Welche **heimischen Pflanzen stehen unter Naturschutz?** Erstelle spontan eine Liste und ergänze diese auf Vollständigkeit (Internet oder Lexikon).

Welche **Heilkräuter** kennst du? Wo wachsen sie? Wozu dienen sie? Zuerst wieder spontan, später mithilfe von Internet oder eines Lexikons eine Liste erstellen.

Ohne nachzusehen: Welche **Gewürze** befinden sich derzeit in deinem Haushalt?
Durchforste danach deinen Gewürzschrank auf Ablaufdatum und Vollständigkeit ◐ MAULWURF 3-K?

Das gebildete Dromedar

Die Welt der **Kakteen** ... der **Bonsais** ...
Es kann sein, dass dir jemand irgendwann einmal einen Kaktus oder ein Bonsaibäumchen geschenkt hat. Und weil du dich damit nicht auskennst, fristet das stachelige Gebilde oder der Miniaturbaum ein trauriges Leben bei dir. Wenn ja, informiere dich jetzt im Internet oder in einem Lexikon über das Wesen und die Pflege dieser Pflanzen und schreite zur Tat!

Laufe ◐ GÄMSE 1-W und 5-L zur nächstgelegenen **Grünfläche** (Park, Wiese in der Nähe, Au). Fortgeschrittenen Freizeitspielern empfehle ich einen neuen, noch unbekannten grünen Ort in der Umgebung aufzusuchen. Fotografiere ◐ ROBBE 5-F Gräser und Wiesenblumen ... oder vielleicht lieber gleich eine Skizze vor Ort machen ◐ ROBBE 1-ZM? Verweile ein bisschen ... lasse die Natur auf dich wirken ... Selbst wenn es nur ein paar Minuten der Stille sind, kannst du unglaublich viel daraus schöpfen ◐ EULE 1-M. Lass dich überraschen!

Das Freizeitspiel

4 – Fremdsprachen

✗ Wörterbuch
✗ Schulbücher
✗ Internet
✗ Notizheft

Welche x-beliebigen **fremdsprachigen Wörter** fallen dir **spontan** ◐ REIHER ein?
Notiere sie.

Frische dein Schul- … Englisch, Französisch, Latein … **auf.** Vielleicht hast du deine alten Schulhefte aufgehoben, oder deine Arbeitsbücher? Frage deine Kinder, Enkel, Freunde, Nachbarn ◐ CHAMÄLEON 2-K, ob sie dir eventuell gebrauchte Bücher zum Selbststudium überlassen. Gehe dann gemütlich und schrittweise vor: die einfachsten Redewendungen und Vokabeln. Die Zahlen eins bis zehn. Dann ein „Schuss" Grammatik dazu, indem du zum Beispiel die wiederholten Redewendungen in der Mitvergangenheit ausdrückst. Baue dein Festigen einer bestimmten Sprache kontinuierlich aus: Nimm dein Notizheft zu einem Spaziergang ◐ GÄMSE 2-TA mit, verweile auf einer Bank und wiederhole dort das neu Gelernte ◐ REIHER 5-B. Oder lade eine/n Freund/in auf eine Jause und zum Vokabelabfragen ein ◐ CHAMÄLEON 2-K.

Das gebildete Dromedar

Gründe selbst ◐ ROBBE 2-E eine Fremdsprachenkaffeerunde oder eine Fremdsprachenwandergruppe oder einen Fremdsprachensingletreff, im Idealfall mit dem Ziel, eine Fremdsprache durch Konversation mit anderen zu perfektionieren. Und so nebenbei ... darf natürlich auch gelacht werden ◐ CHAMÄLEON 2-K und 10-F.

Welches ist deine **Wunschsprache,** die du immer schon können wolltest? Hole dir Informationen via Internet, besorge Kursprogramme von Sprachinstituten oder Volkshochschulen ◐ GÄMSE 2-TA.. Informiere dich eingehend über Preise und Termine, vergleiche diese und entscheide dich dann für einen Kurs.

Zusatzspiel „Liebesbrief"
Schreibe einen **Liebesbrief** an deinen Traummann oder deine Traumfrau **in einer Fremdsprache deiner Wahl.** Es dürfen auch mehrere Sprachen im Durcheinander sein! Hauptsache, es bereitet dir Vergnügen, deine Gefühle fremdsprachlich sprudeln zu lassen!
Wenn du fertig bist, setze das Wort „ich" anstelle deines/deiner Geliebten ein und staune über neu gewonnene Selbsterkenntnisse ...!

Das Freizeitspiel

5 – Wohnbezirk

✗ Stadt-/Bezirksplan
✗ Straßenkarte
✗ Papier und Stift

Wenn du in einer (Groß-)**Stadt** lebst, beginne mit dem eigenen Wohnbezirk. Ziel dieser Idee ist es, die eigene, **unmittelbare Umgebung im Detail** kennenzulernen. Schlendere durch Straßen / Gassen, die du üblicherweise nicht wählst ◐ GÄMSE 2-TA. Schaue dir die einzelnen Häuser genau an, die Fassaden, die Portale, die Geschäfte ... vielleicht entdeckst du ein Firmenschild, das dich fasziniert, oder einen Dachgarten, der dir noch nie aufgefallen ist. Merke dir die Namen jener Gässchen, wo dir etwas Besonderes aufgefallen ist. Spiele diese Idee so lange durch, bis du sagen kannst: „Ja, ich kenne jetzt meinen Wohnbezirk ziemlich gut." Danach wähle einen anderen Bezirk und gehe ähnlich vor.

Wenn du in einem **Dorf** oder einer ländlichen Umgebung wohnst, schlage ich vor, deine **Nachbargemeinde** oder das nächste Dorf aufzusuchen und im **Detail** zu erkunden. Hierbei wird es sich wahrscheinlich weniger um Straßennamen und Gebäude handeln, vielmehr um Gehöfte oder Gärten, um Landschaftsformen oder Wegkreuzungen. Vielleicht möchtest

Das gebildete Dromedar

du dein Nachbardorf einmal „umrunden" oder dich auf einen unbekannten Feldweg einlassen? Oder du entdeckst eine kleine Kapelle, wo du dich eine Weile niederlässt ● EULE 1-M ... oder suchst du lieber einen Gasthof auf, lässt dir ein Mittagessen schmecken und plauderst mit dem Wirt? Es geht einzig und allein darum, dass du nicht nur dein Heimatdorf, sondern auch die **Umgebung in bisher ungesehenen Details** kennenlernst!

Zusatzspiel „Stadtplanung" ● ROBBE 2-E

Stell dir vor, du hättest in deinem Wohnbezirk/in deiner Gemeinde etwas zu sagen und es wären auch die Mittel dazu vorhanden.
Was würdest du verändern?
Was würdest du entfernen?
Was würdest du auf jeden Fall einführen?
Wie würdest du dabei vorgehen?
Notiere alles und gratuliere dir zu deinen Ideen!

6 – Biografie

✗ Papier und Stift
✗ PC / Internet

Über welche **Persönlichkeit** (Politiker, Komponist, Maler, Schauspieler, Autor ...) wolltest du schon immer **mehr erfahren?** Stöbere im Internet. Suche auch die nächste Buchhandlung auf ○ GÄMSE 2-TA und informiere dich über das Leben deiner Wunschpersönlichkeit. Du musst nicht sofort eine Biografie kaufen. Die meisten großen Buchgeschäfte verfügen über Leseecken, wo du genüsslich blättern kannst. Auch Leihbibliotheken empfehle ich dir aufzusuchen. Gegen eine geringe Leihgebühr kannst du diverse Bücher mit nach Hause nehmen und damit über deine Wunschpersönlichkeit sehr viel erfahren. Kopiere wenn möglich auch ein Foto deiner Wunschpersönlichkeit (aus Zeitschrift, Buch oder Internet) und hefte es zusammen mit deinen Notizen in einer „Wunschpersönlichkeitsmappe" ab.

Zusatzspiel „Im Spiegel betrachtet"
Was genau fasziniert dich an dieser Person? Welche Eigenschaften sind es, die du bewunderst?
Mache ein paar Notizen darüber, bevor du weiterliest.

Das gebildete Dromedar

Denn ▶ Was dir positiv an einem anderen Menschen auffällt ... sind jene Charakterzüge, die auch DU besitzt! Kann es sein, dass du diese zu wenig oder gar nicht auslebst? Wenn ja – kannst du jetzt etwas für dich tun und jene lieblosen Gedanken erforschen, mit denen du dich selbst (!) in die Schranken weist. Befürchtungen und Ängste entstehen nie einfach so ... sie sind vielmehr die Folge deiner eigenen negativen Überzeugungen, die du meistens in der Kindheit aufgefangen hast. Es muss nicht sein, dass du weiter daran festhältst. Du hast jederzeit die Wahl, deine Einstellung zu überprüfen und neu zu gestalten.

Schreibe deine eigene Geschichte, eine **Autobiografie** sozusagen ◐ Eule 2-V und 4-D.
Dabei kommt es weniger auf deinen Stil an, sondern vielmehr auf einen beherzten Rückblick auf deine Vergangenheit. Was war dein schönstes Erlebnis im Kleinkindalter? Welches das traurigste oder schlimmste? Erinnere dich an deine Schulzeit: Wer war dein Lieblingslehrer? Wen mochtest du am wenigsten und warum? Denke an deinen ersten Kuss ... an deine erste große Verliebtheit! Warum endete die Beziehung? Erinnere dich an deinen schönsten Urlaub, beschreibe ihn ... und so weiter und so fort bis zur Gegenwart. Wenn es dich stört, das Wort „Ich" zu verwenden, verstecke deine eigene Geschichte in einem Roman, indem du der Hauptperson einen anderen Namen verleihst. Über sich selbst schreiben, fördert nicht nur die eigene Kreativität, sondern befreit von „Altlasten" ◐ Hund 6-L und ist damit ein bewusst gewählter „Akt der Vergebung".

Das Freizeitspiel

7 – Fauna

✗ Lexikon
✗ Fotoapparat
✗ Papier und Stift
✗ Internet

Fauna

Solltest du eigene **Haustiere** haben, beginne damit. Ich möchte dich ermuntern, dein Haustier nicht nur pflichtgetreu zu versorgen, sondern ein paar neue Ideen zu entwickeln. Zum Beispiel könntest du ▸

– e*inen „Erfolgskalender"* anlegen. Es genügen ein paar leere Blätter (für jeden Monat eines), wo du bestimmte (neue, erlernte) Verhaltensweisen deines Hundes, deiner Katze, deines Papageis usw. einträgst. Verteile Gutpunkte dafür und belohne deinen Liebling extra, wenn die von dir festgelegte Punkteanzahl erreicht ist. Rückblickend wirst du staunen, was dir bislang an deinem Haustier kaum aufgefallen ist.

– *eine neue Ecke/einen Platz* für deinen Gefährten finden, tausche die Futter- oder Wasserschüsseln aus, vielleicht eine neue Decke, ein Spielzeug? Ein aktuelles, vergrößertes Foto ⊙ ROBBE 5-F in einem Rahmen würde den Platz ebenso verschönern, wie eine Zeichnung oder ein selbst gemaltes Bild ⊙ ROBBE 1-ZM von deinem Haustier, oder – so wie ich den Platz meines Hundes gestaltet habe – du hängst einen Schutzengel an die Wand.

– In jedem Menschen steckt auch die Begabung eines Dichters. Selbst wenn es nur ein „Vierzeiler" wird, kannst du Spaß daran haben, ein *Gedicht* für deinen tierischen Partner zu erfinden, oder – wenn du musikalisch bist – sogar ein Lied texten ● ROBBE 2-E.

Die Welt der Tiere ... Welche **großen Gruppen** fallen dir spontan ● REIHER ein? Notiere sie. Gehe dann so vor, dass du (ohne nachzusehen) zu jeder Großgruppe jene **Untergruppen** dazuschreibst, die du kennst usw. Zum Beispiel: Großgruppe Säugetiere. Untergruppe Huftiere. Unteruntergruppe: Pferde, Kühe ... Mit einem Wort sollst du **zuerst aus dem Gedächtnis** ● REIHER heraus die Vielfalt der Tiere in einen Raster/eine Ordnung bringen. Lasse genügend Zeilen frei für Ergänzungen, die du anschließend aus Lexikon oder Internet recherchieren kannst.

Wähle **eine Tiergruppe** (zum Beispiel: Insekten/Bienen oder Reptilien/Schlangen oder Fische/Rochen ... wie auch immer), über die du **noch wenig weißt**. Im Idealfall könnten es Tiere sein, die dir bislang nie besonders aufgefallen sind. Warum? Weil du damit nicht nur für die Allgemeinbildung ● DROMEDAR etwas tust, sondern auch deine Begrenzungen erweiterst. **Widme deine Freizeit nun dieser ganz speziellen Tiergruppe.** Suche einen Zoo auf ● GÄMSE 2-TA, fotografiere diese Tiere ● ROBBE 5-F, beobachte sie ... informiere dich über Verhaltensweisen durch Gespräche mit Tierpflegern, im Internet oder in einem Lexikon. Stöbere in Buchhandlungen oder Bibliotheken, suche nach Autoren, die sich eingehend mit genau diesen Tieren beschäftigt haben, nimm wenn möglich Kontakt mit den Autoren auf. Deiner Fantasie sind keine Grenzen gesetzt!

Zusatzspiel:

Welches ist dein Lieblingstier? Notiere das.

Welche Eigenschaften oder Verhaltensweisen liebst du an diesem Tier? Schreibe es auf.

Welches Tier kannst du am wenigsten leiden (hasst du)? Notiere das.

Welche Eigenschaften oder Verhaltensweisen lehnst du an diesem Tier am meisten ab?

Schreibe es auf.

Auflösung im Anhang.

8 – Computer

✗ PC
✗ Sofware / Bücher
✗ Papier / Stift

Diese Karte fordert dich als **PC-Neuling** auf, in die Welt der Computer einzutauchen, und als **PC-Fortgeschrittene/r**, deine Kenntnisse zu erweitern und zu perfektionieren.

Liebe **Anfänger,** keine Angst!
Ein Computer beißt nicht. Im Gegenteil kann das Beschäftigen damit zu einer interessanten Freizeitgestaltung führen. Die Frage: „Was alles möchte ich mit einem PC tun?" halte ich für besonders wichtig, bevor du dich zum Kauf eines Computers entschließt. Exakt deinen Wünschen entsprechende Programme können dann installiert werden, was einige Computer-Shops gratis tun. Das Programm selbst ist natürlich zu bezahlen. Wie gehst du nun vor? Frage im Freundes- oder Bekanntenkreis nach „Schulungsstunden". Bestimmt lässt dich jemand mit Hilfestellung an dessen Gerät. Scheue dich nicht davor, Fragen zu stellen, und mache dir Notizen. Mit einer „Sitzung" ist dein Kennenlernprogramm bestimmt noch nicht ausgereift! Vielleicht fixierst du eine Stunde pro Woche? Auch Volkshochschulen bieten Anfängerkurse zu angenehmen Preisen an. Besorge dir Lehrbücher über die von

Das Freizeitspiel

dir gewählten Programme ○ GÄMSE 2-TA. Oft findet man solche sehr preisgünstig auf Flohmärkten! Es würde in diesem Spiel zu weit führen, dir alle möglichen nächsten Schritte in die Welt der Computer aufzuzeigen ... letztendlich wird dich dein Interesse zum Gebrauch des Internets anregen, und zu einer eigenen (bei vielen Anbietern kostenlosen) Mailadresse ○ CHAMÄLEON 2-K.

Besuche besonders als Anfänger/in ein **Internet-Cafe** ○ GÄMSE 2-TA und ○ CHAMÄLEON 2-K. Beobachte dort ... schau in die Bildschirme ... knüpfe ein Gespräch an ... stelle Fragen ... auf diese Weise kannst du auch ohne eigenen PC einiges lernen und gleichzeitig lernst du neue Leute kennen.

Gründe selbst einen **Computerclub oder -treff** ○ CHAMÄLEON 2-K. Der regelmäßige Austausch unter gleich gesinnten Anfängern kann zum lustigen und trotzdem lehrreichen Fixpunkt für dich werden!

Besuche die nächste **Elektronikmesse** in der Nähe deines Wohnortes. Dort bekommst du die aktuellsten Informationen über Hardware und Software, kannst verschiedene PCs ausprobieren, auch die praktischen Laptops und Notebooks ... und vieles mehr!

Wenn du als **fortgeschrittener Computerfreak** diese Karte gezogen hast, möge sie ein Impuls für dich sein, deine Kenntnisse zu erweitern. Vielleicht wolltest du schon immer eine eigene Homepage, hast dir aber nie Zeit dafür genommen? Vielleicht interessiert dich ein neues Bildbearbeitungsprogramm? Oder du möchtest eine eigene Zeitung herausbringen? Vielleicht willst du deine Erfahrungen PC-Anfängern kostenlos oder gegen Entgelt zur Verfügung stellen? Oder du gründest ein „Mobiles PC-Service" unter dem Motto „Komme ins Haus"? Mit einem Wort möchte ich dich motivieren, etwas Neues zu wagen ◐ Robbe 2-E. Dein Können wird gebraucht!

Zusatzspiel „Wenn der PC spinnt"
Nicht nur Menschen spiegeln uns oder Tiere, sondern ebenso unsere technischen Geräte – ob du es glaubst oder nicht. Wenn dein Computer „spinnt" … indem er sich zum Beispiel nicht ausschalten lässt … oder die Verbindung zum Web verweigert … oder „abstürzt" … kannst du unter Anwendung der Spiegelgesetz-Methode® (Buch und Hörbuch-CD, Ennsthaler Verlag) eine Erkenntnis daraus gewinnen. Wie das geht? Ganz einfach. Beschreibe den Defekt kurz und setze dann anstelle des Computers das Wort „Ich" ein. In unserem Beispiel:

PC lässt sich nicht ausschalten. = Ich lasse mich nicht ausschalten.
Aha – ich erlaube mir nicht, einfach mal abzuschalten!
PC verweigert Verbindung zum Web. = Ich bekomme keine Verbindung zum Web (analog zum Universum, zu Gott).
Aha – ich habe im Moment keinen Draht nach oben!
PC stürzt ab. = Ich stürze ab.
Aha – ich gestehe mir nicht ein/zu, dass ich „abstürze", dass ich müde oder am Ende bin.

9 – Musik

✗ Papier und Stift
✗ Lexikon
✗ Internet
✗ Instrument
   (wenn vorhanden)

Notiere spontan aus dem
Gedächtnis ○ REIHER ▶
Komponisten
Dirigenten
Sängern/innen
Operntitel
Operettentitel
Schlager
Popgruppen
berühmte Opernhäuser und deren Standorte.
Nach Lust und Laune ergänze deine Liste mit Hilfe eines Lexikons oder des Internets.

Welche **Musikinstrumente** kennst du und zu welchen Gruppen gehören sie?
Zum Beispiel: Geige – Streichinstrument

Weißt du, wie ein Notenschlüssel aussieht? Versuche einen zu zeichnen, ohne nachzusehen!
Welche **Noten** kennst du und wie sehen sie aus? Wie viele schwarze und weiße **Tasten** hat ein Klavier? Wie viele **Saiten**

eine Bassgeige? Wie viele **Löcher** eine Querflöte? Baue diese Fragenkette weiter aus, indem du noch mehr ins Detail gehst.

Welches ist dein **Lieblingsinstrument** und warum? Was genau fasziniert dich daran?
Wenn du gelernt hast, es zu spielen ... herzlichen Glückwunsch! Wenn nicht – was ist/war der Grund, dass es nicht klappte? Befreie dich von dieser (alten) Geschichte ◐ EULE 2-V und ◐ HUND 6-L, indem du sie aufschreibst und den Zettel anschließend mit einem kleinen Ritual und einem Dankgebet verbrennst. Suche auch Geschäfte oder Trödler auf ◐ GÄMSE 2-TA, informiere dich über ein verbilligtes oder gebrauchtes Lieblingsinstrument. Wenn es heute immer noch dein Wunsch ist, dieses bestimmte Instrument spielen zu können, findest du ganz sicher eine Möglichkeit. Bleibe dran!

Spiel mit Freunden: „Unser eigenes Orchester"
◐ CHAMÄLEON 10-F
Keine Angst! Zu diesem lustigen, überaus kreativen Spiel braucht ihr keine echten Instrumente – sondern ▸
Schachteln
Kochlöffeln
Töpfe / Pfannen
Kämme, mit Seidenpapier umwickelt
Kinderrasseln
Osterratschen und Ähnliches.

Ziel des eigenen Orchesters ist der gleich schwingende Rhythmus, der Takt! Ich empfehle, dass **zuerst eine/r** aus der Runde in einem bestimmten Takt zu klopfen, ratschen, rasseln … beginnt. Die anderen stimmen dann allmählich mit den Tönen ihrer „Instrumente" ein. Es darf gelacht werden!

10 – Geschichte

✗ Papier und Stift
✗ Lexikon
✗ Internet

Beginne mit der **Geschichte deines Heimatlandes.**
Notiere zuerst, ohne nachzusehen,
◐ Reiher ▶

berühmte Herrscher, Könige, Kaiser/innen
Schlachten (wann und wo?)
Kriege (von wann bis wann?)
Staatsformen im Laufe der Jahrhunderte
wichtige Politiker der letzten 50 Jahre
Staatsverträge/Friedensabkommen (welches Jahr und von wem unterzeichnet?)
Bündnisse.

Ergänze deine Liste anschließend mit Hilfe eines Lexikons oder des Internets.
Beobachte dich dabei! Es kann sein, dass dich ein bestimmter Staatsmann oder ein spezieller Zeitabschnitt besonders fasziniert. Dann sieh dies als Aufforderung, dich länger damit zu beschäftigen und Recherchen zu starten (in Bibliotheken, Buchhandlungen, Ausstellungen, im Internet …)

Die wichtigsten Ereignisse in der **Geschichte deiner Nachbarländer,** sind sie dir bekannt?
Wenn ja, welche? Wann haben diese Ereignisse stattgefunden? Welche Staatsmänner waren daran beteiligt? Was waren die Auslöser für diese Geschehnisse? Forsche danach, informiere dich über Jahres- und Bevölkerungszahlen, über die Folgen dieser Ereignisse ... und so weiter und so fort.

In welchem Jahr wurde die **EU** gegründet? Mit welchen Zielen? Welche Länder gehören dazu? Welche EU-Kommissäre kannst du spontan nennen? Wie stehst du persönlich zur **Europäischen Union?** Wie deine Familie, dein Freundeskreis? Lade zu einer **Diskussionsrunde** ◯ CHAMÄLEON 2-K ein!

Zusatzspiel mit Freunden ◯ CHAMÄLEON 2-K **und** 10-F
Setzt euch gemütlich in der Runde zusammen und wählt ein Wissensgebiet, zum Beispiel: „Staatsmänner/frauen". Der/die Erste beginnt mit dem Familiennamen eines Staatsmannes mit A ▶ Adenauer. Der/die Nächste mit B ... der/die Dritte mit D ... (C, Q, Y kann weggelassen werden) bis Z ▶ Zita. Nach Lust und Spaß einen neuen Bereich wählen und fortsetzen!

DIE FITNESSBEGEISTERTE GÄMSE

1 – Wandern

✗ Bequeme Schuhe
✗ Regenjacke
✗ Wanderstock
✗ Rucksack
✗ Wanderkarte

Es kann sein, dass du diese Karte am liebsten in die hinterste Zimmerecke verbannen möchtest, weil du absolut kein Verlangen nach einer Wanderung verspürst. Anstrengen … schwitzen … bergauf gehen … und womöglich in ein Unwetter kommen …?! Wenn das so ist, möchte ich dich dennoch zu einem „**Wanderspaziergang**" motivieren! Beginne mit einer halben Stunde gehen, verlängere am nächsten Tag deine Miniwanderung auf eine Stunde. Wähle ein Ziel, vielleicht einen Gasthof oder einen Aussichtsturm, verweile dort und lasse die Umgebung still auf dich wirken ◐ EULE 1-M. Dein Widerwille wird sich allmählich in Lust verwandeln! Besonders dann, wenn du deine Ängste oder Bedenken hinterfragst ◐ MAULWURF 1-S, mit denen du dir bis jetzt selbst jegliche Wanderfreude vergällt hast.

Schließe dich eventuell einer Wandergruppe ○ CHAMÄLEON 2-K an oder gründe selbst eine. Frage zuerst im Freundes- oder Bekanntenkreis, schalte eine Anzeige oder schreibe ein paar Mails an potenzielle Wanderkumpel.

An welchem Ort in der Natur warst du **als Kind** besonders gerne? Vielleicht möchtest du wieder einmal dorthin? Wenn ja, hättest du ja schon dein nächstes Wander-/Ausflugsziel gefunden.

Schau dir Filme oder Videos von dir **unbekannten** Landschaften, Bergen, Gebirgszügen, dem Jakobsweg … an. Auch das kann helfen, deine Wanderfreude zu wecken!

2 – Tägliche Alternativen

✗ Bequeme Schuhe
✗ Evtl. Rucksack
✗ Evtl. Fahrrad

Diese Karte weist dich auf **Möglichkeiten** hin, die du **tagtäglich** durchführen kannst:

Stiegen steigen
anstatt Lift oder Rolltreppe zu benützen

Einkaufen zu Fuß mit Rucksack
anstatt mit dem Auto

Einkaufen mit dem Fahrrad
anstatt mit dem Auto

Zur Arbeit mit dem Fahrrad
anstatt mit dem Auto oder öffentlichen Verkehrsmitteln

Zur Arbeit zu Fuß
anstatt mit dem Auto

Teilstrecken zu Fuß
anstatt die ganze Strecke mit öffentlichen Verkehrsmitteln

Spitze gehen, Ferse gehen
anstatt die ganze Strecke normal zu gehen

Fußaußenkante, -innenkante gehen
anstatt die ganze Strecke normal zu gehen

Spaziergang mit Ziel ▶
Buchhandlung, Trödler, Flohmarkt, Second-Hand-Shop, Bauernmarkt, Ausstellung, Internet-Café, Bibliothek, Volkshochschule ...

Beim Warten an der Haltestelle ▶
abwechselnd links und rechts Faust auf- und zumachen
Popobacken spannen, lösen, spannen, lösen ...
bewusst einige Male tief ein- und ausatmen

und für die geistige Fitness ▶
Geburtsdaten, Telefonnummern, 7er, 9er, 13er-Einmaleins oder ein Thema aus ⊙ Dromedar *1-10 oder Texte* ⊙ Reiher *7-GBL wiederholen.*

3 – Kraftatmen

Sooft es dir angenehm ist …

atme ein und zähle dabei bis VIER,
dann atme aus und zähle dabei bis ELF.

Kraftatmen kannst du jederzeit. Auf deinem Weg zum Einkaufen … zur Arbeitsstelle … beim Warten auf den Bus … oder nach dem Frühstück. Wichtig dabei ist dein Wohlgefühl und die Stimmigkeit. Es bringt nichts, wenn du dich dazu zwingst. Und es macht nichts, wenn du mal darauf vergisst! Mir genügen 1–3 Minuten Kraftatmen täglich. Danach klopfe/stimuliere ich sanft meine Thymusdrüse (beim oberen Brustbein), die den Energiestrom im Körper überwacht und das Immunsystem stärkt.

4 – Schwimmen

✗ Badebekleidung
✗ Stift und Papier

Wenn du zu jenen Menschen gehörst, die sich **gerne im Wasser** bewegen, leitet dich diese Karte zur Regelmäßigkeit – zum Beispiel einmal pro Woche schwimmen – und zur Erweiterung deiner Schwimmtechniken (Rücken-, Delfin-, Seitenschwimmen, Tauchen). Zählst du dich eher zu den „**Wasserscheuen**" ist es dennoch kein Zufall, dass du diese Idee gezogen hast. Sieh darin eine Chance, das Element Wasser näher kennenzulernen. Je nach Jahreszeit spaziere ◐ GÄMSE 2-TA zum nächsten See/Teich oder Hallenbad und sieh dich dort zuerst außen um. Das nächste Mal gehst du zum Ufer, badest kurz deine Füße oder Hände oder besuchst das Restaurant in der Schwimmhalle, von wo aus du das bunte Treiben im Becken beobachten kannst. Entscheide dich danach für einen bestimmten Tag, wo du tatsächlich ins Wasser gehen möchtest. Als Nichtschwimmer /in erkundige dich nach Schwimmkursen, die für Erwachsene, auch für Senioren, angeboten werden. Belohne dich für jeden kleinsten Erfolg!

Angst unterzutauchen? Was genau befürchtest du, dass dann passiert? Schreibe alles auf, was dir in den Sinn kommt, schonungslos und ehrlich. Stell dir dann vor, dein/e beste/r Freund/in hätte dir diese Zeilen anvertraut und bittet dich um Hilfe. Was genau würdest du ihm/ihr raten? Schreibe einen **Antwortbrief.** Dann weißt du, was **DU** tun könntest …!

Alternativen:
Sauna, Dampfbad, Kräuterkammer, Eukalyptusstube …

Zusatzspiel „Mein Meer"
Beschreibe DEIN Meer … Wie sieht es jetzt in diesem Augenblick aus? Glatt oder bewegt? Welche Farbe? Wo befindest du dich? Im Wasser? Wenn ja, wie weit weg vom Ufer? Oder liegst/sitzt du am Strand? Welche Tageszeit? Sonne oder bewölkt? Diese kleine Spielerei sagt etwas über dich aus … *siehe Anhang.*

5 – Laufen

✗ Nordic-Walking-Stöcke
✗ Laufschuhe / bequeme Schuhe
✗ Inline Skater
✗ Langlaufski

Diese Karte richtet sich hauptsächlich an Leute, die mit dem Laufen eher auf Kriegsfuß stehen. Vom Langsamlaufen über Flotten-Schrittes-Gehen oder Schnelllaufen dehnt sich die Palette bis zum Nordic Walking, Inline-Skaten oder im Winter bis hin zum Langlaufen aus. Die Idee „Laufen" lässt demnach deiner Fantasie sehr viel Spielraum! Wichtig dabei ist, dass sich eine **gewisse Regelmäßigkeit** in deinem Tages- oder Wochenrhythmus einspielt. Du musst nicht sofort einen Marathon anvisieren, um diese Idee umzusetzen. Es genügt, wenn du mit 5–10 Minuten (täglich) flott gehen (später dann langsam laufen, rascher laufen) beginnst. Nütze auch deine Einkaufswege oder die Strecke zum Friseur, zum Nachbarn oder zur Arbeit ◐ GÄMSE 2-TA, um deine Freude am bewussten Laufen zu wecken. Informiere dich auch über Nordic-Walking-Kurse wegen der Lauftechnik und dem richtigen Material. Schließe dich einer Gruppe an ◐ CHAMÄLEON 2-K oder gründe selbst eine Lauf- oder Nordic-Walking-Runde, mit dem interessanten Nebeneffekt, neue Menschen kennenzulernen. Interessierst du dich fürs Skaten, hast dich bis jetzt aber noch nicht getraut … empfehle ich dir, Inline-Skater zu borgen, bevor du welche kaufst. Das Gleiche gilt fürs Langlaufen im Winter. Ein, zwei Stunden Langlaufski ausborgen und einfach probieren, im Idealfall unter Begleitung von einem „Könner".

6 – Hund

Bitte die Karte nicht gleich weglegen, weil du **keinen eigenen Hund** hast oder Hunde nicht ausstehen kannst ... Genau deswegen hat nämlich die Idee „Hund" einen Platz in diesem Spiel bekommen. Sie möchte deine Sinnesfreude stimulieren und dein Herz an einer Stelle aufwecken, die vielleicht bis jetzt geschlummert hat. Ein Hund ist ein echter Kumpel und ein wahrer Freund, mit dem du gemütlich spazieren gehen, spielen oder herumtollen kannst. Mit einem Wort trägt ein Hund einiges zu deiner Fitness bei! Vielleicht gibt es in der Nachbarschaft einen Hund, der oft alleine ist? Oder kennst du ein Tierheim in der Nähe, wo Hunde in Boxen ihr eintöniges Dasein fristen? Die meisten Tierheime, die ich kenne, freuen sich über „Spaziergänger". Bevor du dich dazu entschließt, informiere dich dort bei den Tierpflegern und in der Verwaltung. Es gibt bestimmt eine Möglichkeit, „deinen" Ausgehhund näher kennenzulernen, bevor du den ersten Freigang mit ihm wagst. Innige Freundschaften wurden auf diese Weise schon geschlossen!

Die fitnessbegeisterte Gämse

Angst vor Hunden? Wenn ja, empfehle ich dir folgendes **Zusatzspiel (Spiegelgesetz-Methode®):**
Beschreibe kurz jene Eigenschaften von Hunden, die dir Angst machen ▶

z. B.: *aggressiv, bissig, drohend, schnell …*
Verwandle dann diese Eigenschaften in ihren positiven Kern. Hilfefrage: „Was kann jemand sehr gut, der aggressiv, bissig, drohend oder schnell ist? Welche Eigenschaften stecken wirklich dahinter?" In unserem Beispiel gäbe es folgende Möglichkeiten ▶

stark, kann sich wehren, mächtig … oder Ähnliches.
Jetzt hast du den Spiegel „Hund" entschlüsselt und erkennst die wahre Botschaft.
DU bist es nämlich, der/die stark ist und sich wehren kann! In DIR sind diese Wesenszüge als Potential vorhanden, nur setzt du sie zu wenig oder gar nicht ein. Warum? Weil du einem negativen Gedanken, einem lieblosen Glaubenssatz gehorchst … mit dem du dir selbst (!) verbietest, Stärke zu zeigen oder dich zu wehren. Du kannst diese falschen, negativen Gedanken aus deinem Geist entfernen und die alte Geschichte, von der deine Überzeugungen stammen, ein für alle Mal vergessen. Siehe auch mein Buch „Mein Haustier spiegelt mich".

Hast du einen **eigenen Hund,** fordert dich diese Karte auf, ein bisschen Abwechslung in euer Zusammenleben einzubringen, indem du zum Beispiel ▶

- eine neue Gassigehroute wählst.
- eine Hundeschule besuchst.
- den Hundeführerschein machst.
- einen Agility-Kurs anmeldest.
- eine Hundefreundesrunde◐ CHAMÄLEON 2-K ins Leben rufst. Sprich im Park einfach Leute mit Hunden an, die dir sympathisch sind, schlage regelmäßige Treffen und auch Ausflüge mit euren Vierbeinern vor. So wird auch deine Sorge wegen einer Urlaubsbetreuung deines Wuffis in ein neues Licht rücken, denn man hilft sich gegenseitig.
- einen überraschenden Kurzurlaub mit deinem Hund planst.
- oder ein elegantes Abendessen in einem hundefreundlichen Lokal.

7 – Individueller Entschlackungstag

✗ Kalorientabelle

Die Betonung liegt bei dieser Idee auf dem Wort „individuell"! Damit meine ich, dass es keine fixen Regeln für DEINEN Entschlackungstag ○ ROBBE 2-E gibt. Wichtig ist **dein Wohlgefühl,** ein ausreichendes Maß (zwischen 1000 und 1400) an Kalorien, Vitaminen und Flüssigkeit ... weniger mit dem Ziel, ein Kilo abzunehmen, sondern mit der Motivation, deinen **Verdauungstrakt** einen Tag lang (jede Woche, jeden Monat, alle zwei Monate) zu **entlasten.**

Ich persönlich gestalte meinen IE meistens so: 400 g Früchte der Saison, ca. 300 g gekochtes oder mit wenig Olivenöl angeröstetes Gemüse der Saison, mildes Mineralwasser, schwarzer Kaffee und wenn der Hunger allzu groß ist, eine Tasse Nudelsuppe. Eine andere Variante: 1000 g gekochte Kartoffeln (auf 2–3 Mahlzeiten aufgeteilt), dazu Hüttenkäse oder Margarine, schwarzer Kaffe, mildes Mineralwasser und Obst- oder Gemüsesäfte.

Werde erfinderisch! ○ ROBBE 2-E. Ich kenne eine Frau, die ihren IE am liebsten mit Reis und Milch durchführt. Eine andere isst über den Tag verteilt fünf altbackene Semmeln mit Margarine und Salz, dazu Magnesiumbrause oder frisch gepresste Obstsäfte, mit Wasser verdünnt. Achtung: Du sollst an deinem IE keinen Hunger verspüren … aber bewusst auf Schokolade, Eis oder andere Süßspeisen sowie auf allzu viel Fett verzichten!

8 – Thera-Band®, Hometrainer, Radfahren

✗ Thera-Band®
✗ Zimmerfahrrad
✗ Hometrainer

Diese Karte weist dich hauptsächlich auf die Möglichkeit hin, wie du **zu Hause etwas Sport** betreiben kannst. Das **Thera-Band®** enthält reines Latex und bietet dir eine Fülle von sanften bis stärkeren (bestimmst du selbst) Übungen für Arme, Schultergürtel, Oberkörper, Becken und Beine. Es ist auch ein idealer Urlaubsbegleiter, weil du das Band sogar in einer sehr kleinen Tasche unterbringen kannst. Genaue Übungsanleitungen bekommst du beim Kauf selbstverständlich dazu.

Der **Hometrainer** benötigt wesentlich mehr Platz, aber dafür hast du fast schon ein kleines Fitnesszentrum im Haus. Den Hometrainer gibt es in verschiedenen Ausführungen, Information darüber bekommst du in größeren Sportgeschäften.

Radfahren kannst du ebenfalls zu Hause auf einem **Zimmerfahrrad,** das sich aufgrund seiner eher bescheidenen Größe vielleicht in einer Zimmerecke unterbringen lässt. Die Vorteile gegenüber einem echten Rad sehe ich so ▶

- du kannst lesen oder fernsehen, während du in die Pedale trittst.
- keiner sieht dich, wenn du schwitzt, oder hört dich, wenn du stöhnst.
- du kleidest dich, wie du dich wohl fühlst, und nicht, wie es der Radsport verlangt.
- du brauchst kein Ziel erreichen, kannst jederzeit stoppen.
- die Uhrzeit spielt keine Rolle, du übst morgens, abends, mittags oder nachts, wie es dir beliebt!

9 – Gymnastik

✗ Shirt, Hose
✗ Trainingsanzug
✗ Sport- oder Gymnastikschuhe
✗ Internet

Welch Vielfalt der Möglichkeiten! Dehnen, Strecken, Musikgymnastik, Wirbelsäulengymnastik, Wassergymnastik ◐ GÄMSE 4-S, Gymnastik im Bett, im Sitzen, im Freien, alleine oder in der Gruppe. All diese Alternativen stehen dir offen. Wenn du bis jetzt noch nie Gymnastik gemacht hast, motiviert dich diese Karte zu einem ersten Schritt. Zum Beispiel könntest du deinen Tag mit ein paar Dehnübungen beginnen, die du auch liegend im Bett durchführen kannst. 5 Minuten Strecken und Räkeln ist besser, als gar nichts zu tun! Habe Geduld mit dir und baue dein Gymnastikprogramm langsam aus. Ebenfalls zu Hause kannst du ein paar Minuten auf dem Stand laufen, auf den Zehen gehen, auf den Fersen gehen … Schultern kreisen oder zehn Kniebeugen machen. Wenn du merkst, wie viel Spaß damit in dein Leben kommt, informiere dich in Sporthallen, Fitnesscentern ◐ GÄMSE 2-TA oder im Internet über das Kursangebot.

Gymnastik im Freien ist ein wunderbares Erlebnis. Glaubst du nicht? Bitte probiere es bei deinem nächsten Spaziergang aus, indem du an einem besonders schönen Platz in der Natur verweilst und ein paar Übungen (Arme hochstrecken, räkeln, dehnen, auf dem Stand laufen oder Ähnliches) durchführst. Danach tief ein- und ausatmen … in dich hineinspüren … und das Wohlgefühl in deinem Körper auskosten.

Bei dieser Karte geht es weniger darum, dass du den ersten Preis bei der Weltmeisterschaft für Biegsamkeit anstrebst … sondern vielmehr um ein **gewisses Maß an natürlicher Beweglichkeit,** das du mit Freude und Liebe bewusst in dein Leben einbaust.

10 – Tanzen, Spielen

Tanzen:
Du kannst (täglich) ein paar Minuten, eine halbe Stunde, in deiner Wohnung zu deiner Lieblingsmusik tanzen und damit zu deiner körperlichen Fitness beitragen! Der Vorteil liegt darin, dass du beim „**freien Tanz**" keinerlei Regeln oder vorgegebene Schritte einhalten musst. Es geht einzig und allein um deine Freude am Drehen, Hüpfen oder Schütteln.

Volkshochschulen oder Tanzschulen bieten eine Fülle von Kursen an, wenn du lieber in Gesellschaft bist ○ CHAMÄLEON 2-K. Die Palette reicht von Standard-, Lateinamerika-, Boogie-, Bauchtanzkursen bis hin zum Linedancing oder Volkstanzen. Bestimmt findest du noch mehr Möglichkeiten!

Zusatzspiel „Tanz erfinden" ○ ROBBE 2-E
Wähle deinen Lieblingsrhythmus und erfinde dazu DEINEN Tanz, indem du zum Beispiel Schrittfolgen ausprobierst und kombinierst, die dazupassen. Arm- und Oberkörperbewegungen fügen sich im Idealfall harmonisch dazu. Der Unterschied zum „freien Tanz" liegt darin, dass beim selbst kreierten Tanz eine bestimmte Struktur der sich wiederholenden Schrittkombinationen und der dazugehörigen Bewegungsabläufe besteht.

Gib deinem Tanz auch einen Namen. Beim nächsten geselligen Ereignis ◐ CHAMÄLEON 2-K und 10-F (Geburtstag, Sylvester …) deinem Bekanntenkreis vorführen und – wenn es lustig hergehen soll – lehren.

Spielen:
Wann hast du zum letzten Mal wirklich gespielt? Die Betonung bei dieser Idee liegt auf dem Wort SPIELEN. Es geht weniger darum, welches Spiel damit gemeint ist, sondern um einen Bereich, der in unserer oft allzu hektischen Zeit zu kurz kommt. Spielen bedeutet Abschalten, Entspannen, Lachen, Unbeschwert-Sein!
Im Freien: Ballspiele, Laufspiele, Versteckspiele ◐ GÄMSE 5-L
Im Haus: Brettspiele, Rätselspiele, Kartenspiele
Wort- und Zahlenspiele ◐ REIHER 3-W und 4-Z
Pantomime, Orakelspiele ◐ CHAMÄLEON 4-O

Vielleicht möchtest du einem fixen Spieltag (einmal im Monat, alle zwei Monate …) Raum in deinem Leben schenken? Frage im Freundes- oder Bekanntenkreis nach und gründe ◐ CHAMÄLEON 2-K und 10-F eine „Spielrunde", die sich regelmäßig zum Lachen, Abschalten und Ausgelassen-Sein trifft!

DIE FRIEDLIEBENDE EULE

1 – Meditation

✗ Musik
✗ evtl. besprochene Meditations-CD

Jede Tätigkeit, die du mit **Bedacht, Liebe und Konzentration ausführst, ist eine Meditation.**
Wenn du bügelst ... denke bei jeder geglätteten Falte in etwa so: *„Mein Groll, mein Missmut gegen ... glättet sich jetzt ..."* Mit jedem gebügelten Wäschestück wirst du ruhiger und friedlicher. Wenn du Geschirr spülst oder den Boden aufwäscht ... denke *„Meine innere Reinheit kommt jetzt immer mehr zum Vorschein ..."* oder *„Was nicht mehr zu mir passt, wasche ich jetzt weg."*
Wenn du Kästen oder Laden ordnest ◐ MAULWURF 3-K und 10-L, denke: *„Ich gebe nun alles weg/frei, das nicht zu mir gehört. Ich verabschiede meine Vergangenheit. Immer leichter, beschwingter und friedvoller ist mein Leben ..."*
Vor dem Einschlafen stelle dir Bilder vor, die deine Friedlichkeit ◐ EULE fördern: Himmel, Meer, Blume, Baum, ein lachendes Kind, eine Tierfamilie ... verwende evtl. Kopfhörer für Melodien, die du besonders gerne hörst.

Im Freien kannst du während eines Spazierganges ◐ Gämse 2-TA und 5-L innehalten und einen Baum begrüßen, ihn berühren, betrachten oder mit ihm sprechen … oder du lässt dich auf einer Bank oder in der Wiese nieder, schließt die Augen … spürst die Sonne oder den Wind in deinem Gesicht … und schickst ein aufrichtiges Dankeschön ◐ Eule 4-D zum Himmel …

Wenn du dich während einer Meditation lieber begleiten lassen möchtest, findest du im Handel eine Vielzahl von besprochenen Meditationskassetten oder -CDs.

2 – Vergeben

✗ Papier und Stift
✗ Kerze

Alles, was du nicht vergeben – nicht aufgegeben – hast, kann zu einer Belastung, im schlimmsten Fall zu einer Verhärtung deines Herzens oder gar zu Symptomen führen. Vielleicht denkst du „Ich kann einfach nicht verzeihen, kann diese Geschichte nicht vergessen!" Doch du kannst. Vergeben muss **nicht** zum lebenslangen, oft bitteren Prozess werden. Mache dir **ein letztes Mal** die leidige Geschichte bewusst, die womöglich aus dir einen hartherzigen Menschen gemacht hat, indem du **ein letztes Mal** die Bilder wie in einem Film vor deinem geistigen Auge vorüberziehen lässt. Mache dir auch bewusst, dass dir die daran beteiligten Personen nur jene Rolle vorgespielt haben, die DU ihnen zugedacht hast. Das ist das Spiegelgesetz. Wenn du zum Beispiel roh behandelt oder missachtet worden bist ... hast DU die dementsprechend lieblosen Gedanken/Glaubenssätze in deinem Geist und schaffst dadurch dementsprechende Situationen.

Übernimm jetzt die Verantwortung dafür. Sage dir: „Ich wollte es so, genau so! Obwohl ich mir meiner Schöpferkraft damals nicht bewusst war." Schreibe **Briefe** an jene Menschen, denen du grollst, sage danke ◐ EULE 4-D und schließe mit den Worten: „Ich bin jetzt mit dir in Frieden." Du musst die Briefe nicht abschicken, es sei denn, du willst es wirklich. Sei sicher, dass deine Worte auch ohne Postweg zum rechten Zeitpunkt beim Empfänger ankommen.

Es kann sein, dass du aufgrund eines „Auslösers" irgendwann später neuerlich von Grollgedanken attackiert wirst. In diesem Fall kannst du deine Macht sofort nützen, indem du „Stopp", „Halt" oder „Punkt!" denkst (Buch Thomas Kössner: „Zauberformel … UND PUNKT!") und deine Aufmerksamkeit sogleich auf erfreuliche Dinge lenkst.

Vergeben bedeutet ▶ **vergessen** … und zwar für immer!

3 – Buchempfehlungen

✗ Internet

Ich glaube, dass Vergebung **ein Akt des Bewusstmachens** ist, den wir in zwei beherzten Schritten selbstverantwortlich vollbringen können: 1. Noch ein letztes Mal zurückschauen … den Schmerz/Groll fühlen … sich selbst in der Szene agieren oder nicht agieren sehen … begreifen, dass die anderen Beteiligten sich so verhielten, weil wir es so wollten (stark, authentisch) oder brauchten (sanft). Das (leidige) Erlebnis passte perfekt wie ein Strickmuster zu unserem damaligen Selbstbild. 2. Die **Entscheidung** treffen, diese Begebenheit für immer zu vergessen (=vergeben). Dafür danken und vielleicht sogar ein kleines Abschiedsritual ◐ EULE 5-R zelebrieren.

Sollte dir das zu einfach vorkommen, steht dir eine große Anzahl an Büchern zum Thema „Vergebung" zur Verfügung, die du im Internet oder in Buchhandlungen ◐ GÄMSE 2-TA recherchieren kannst.

Hier sind meine persönlichen Empfehlungen ▶
„Ein Kurs in Wundern"
Verlag Greuthof 2006

„Rückkehr zur Liebe"
von M. Williamson, Goldmann 1995

„Zauberformel … UND PUNKT!"
von Th. Kössner, Ennsthaler Verlag 2005

„Die Kunst zu vergeben"
von G. Jampolsky, Goldmann 2001

„Verzeihen ist die größte Heilung"
von G. Jampolsky, Heyne 2005

„Lieben heißt die Angst verlieren"
von G. Jampolsky, Goldmann 2005

4 – Danken

✗ Papier und Stift

Innerer Friede hat sehr viel mit Dankbarkeit zu tun. Diese Karte will dich anregen, für alles Mögliche zu danken! Vielleicht fällt dir dazu kaum etwas ein, weil du im Moment nicht so gut drauf … arbeitslos … oder krank bist … oder weil dein Konto leer ist? Wenn ja, nimm dir jetzt Zeit für deine **persönliche Dankes-Liste** und werde kreativ ◐ ROBBE 7-S: Bestimme verschiedene Kategorien ▶ Körper, Wohnraum, Umfeld, Familie, Freunde/Bekannte, Natur, Feste/Feierlichkeiten usw. Für jeden Bereich mit der entsprechenden Überschrift beginnst du mit den Worten ▶ **Danke für** … und schreibst laufend deine Einfälle dazu.

Beispiele:

KÖRPER
Danke für …
… meine Arme, Hände und Finger. Ich kann damit arbeiten, etwas tragen, schreiben, Menschen berühren.
… meine Beine und Füße. Ich kann spazieren gehen, wandern, einkaufen, laufen und Treppen steigen.

WOHNRAUM
Danke für …
… mein Dach über dem Kopf. Ich kann mich zurückziehen und bin geschützt vor Wind und Wetter.
… mein Bett, meine Decke, meinen Kopfpolster. Getrost kann ich hier einschlafen.
… meinen Kühlschrank. Ich habe stets frische, gekühlte Waren.

Wenn du diese Idee wirklich umsetzt, wirst du staunen! Erstens, weil dir immer mehr bewusst wird, wie reich du bist, und zweitens, weil sich alles vermehrt, wofür du aufrichtig dankbar bist.

5 – Ritual

✗ Kerze/Räucherstäbe
✗ Blumen
✗ Papier und Stift
✗ Musik

Diese Karte motiviert dich, dein **persönliches Friedens-Ritual** zu erfinden ● ROBBE 2-E. Besonders dann, wenn du nervös oder abgespannt bist ... oder wenn es dir an innerer Zufriedenheit mangelt ... kann dir ein Ritual helfen, ausgeglichener und friedlicher zu werden. Wecke deine Kreativität aus dem Winterschlaf! Oh nein, bitte keine Ausreden. In jedem Menschen schlummert ein Erfinder, davon bin ich überzeugt. Ein paar Ideen zur Anregung ▶

In der Wohnung / dem Haus
1. Wähle deinen Lieblingsplatz, Kuschelecke oder Teppich, mache es dir dort gemütlich, zünde eine Kerze an und schmökere in einem Buch zum Thema Frieden / Liebe / Vergebung ● EULE 3-B. Schließe dann deine Augen, sage danke, strecke dich lang und atme ein paar Mal bewusst ● GÄMSE 3-K.
2. Schließe deine Augen, werde innerlich ruhiger ● EULE 1-M... indem du deine Gedanken vom Alltag abziehst ... und an etwas Schönes, Friedvolles denkst ... Danach

nimm Papier und Stift und notiere, was genau es war, das deine Friedlichkeit in diesen Minuten gestört hat. War es eine alte Geschichte? Waren es Personen? War es ein Verhalten von dir selbst? Danach zünde eine Kerze an und sprich in Gedanken diese oder ähnliche Worte: „Ich bin jetzt bereit, diese Dinge zu verabschieden und einen endgültigen Punkt darunter zu setzen." Danach verbrenne deine Notizen in einem Blumentopf oder in einer Schale mit einem Dankeschön ◐ EULE 4-D.
3. Öffne alle Fenster, lasse Frischluft herein, schalte deine Lieblingsmusik ein und stell dir vor, du wärst ein Zauberer. Tanze ◐ GÄMSE 10-TS oder schlendere durch die Räume ... und bewege deine Arme so, als würdest du unsichtbare Störenfriede (Energien) umfangen und zu einem der offenen Fenster begleiten. Strecke dort deine Hände ins Freie und puste sanft und mit einem Dankeschön ◐ EULE 4-D alles weg, das dem Frieden in deiner Wohnung unsichtbar im Wege war.

Im Freien
1. Finde einen ruhigen Platz in der Natur (Wiese, Wald, Park) GÄMSE 1-W und 5-L. Pflücke eine Blume ◐ DROMEDAR 3-F, einen kleinen Ast oder suche einen Stein, eine Nuss oder eine Kastanie, je nach Jahreszeit. Lasse dich dort nieder und betrachte nun dein/e Fundstück/e. Konzentriere dich liebevoll nur DARAUF, besonders auf Details, die dir vorher noch nie aufgefallen sind. Schließe danach deine Augen und erfühle ... die Oberfläche, die Form, das Gewicht ... deiner Fundstücke, spüre deren Energie ...

Die friedliebende Eule

und horche ... auf deine Intuition. Es kann sein, dass du eine Botschaft empfängst oder die Antwort auf eine lang gehegte Frage. Bedanke dich ◐ EULE 4-D für die Friedlichkeit in deinem Herzen.

2. Alles, was du vergeben (= vergessen, aufgeben) ◐ EULE 2-V möchtest, kannst du mit einem Ritual tun, indem du deine Notizen an einer Feuerstelle in der Natur *verbrennst* ... oder in einer Waldlichtung oder Wiese *vergräbst* ... oder in einem Fluss, See oder im Meer *wegschwimmen* lässt ... nachdem du vorher die bewusste Entscheidung dazu getroffen hast.

6 – Gebet

Beten bedeutet BITTEN. „Alles, worum ihr bittet, wird euch gegeben." Du brauchst weder Litaneien auswendig zu lernen, noch einer bestimmten Religionsgemeinschaft anzugehören, um beten zu können. Beten kannst du immer – gleichgültig wo und in welcher Lage du dich befindest. Diese Karte möchte dich ermuntern, mit deinen eigenen Worten zu beten. Vielleicht fragst du dich, mit wem du sprechen ... oder an welche Instanz du deine Worte richten sollst? Es gibt Menschen, die das Wort „Gott" scheuen. Wenn du dazu gehörst, sprich dein Gebet einfach so in die Luft oder ins Leere und sei sicher, dass deine Bitten gehört werden.

Beten ist ein Akt des Bewusstmachens. Warum? Weil du damit auch einen Blick in dein Innerstes wagst und feststellst, dass dir zum Glücklich-Sein etwas fehlt ... **Indem du darum bittest,** stehst du zu deinem Manko und tust nicht länger so, als wäre ohnehin alles in bester Ordnung. Beten macht ehrlich!

Selbstverständlich steht es dir frei, einen Reim oder Vers zu kreieren ⬤Robbe 2-E und 7-S und diesen als DEIN Gebet täglich/nach Bedarf zu sprechen. Nachfolgend mein persönliches Gebet, das ich als junges Mädchen regelmäßig an Gott richtete ▶

Lieber Gott, bitte gib mir Kraft und Stärke!
Segne meines Lebens Werke.
Bitte Vater hör mir zu,
wenn ich bete in Reue zu dir ohne Ruh`.
Lieber Gott, in dein Antlitz wage ich nicht zu sehen,
es ist um mich geschehen,
wenn du aus meinem Herzen weichst
und mir deine rettende Hand nicht mehr reichst.
Überall bist du, Hirte meines Lebens.
Meine verzweifelten Rufe waren niemals vergebens.
Oft war es Nacht, als alles schon schlief, als ich nach dir rief.
Dann war mir, als würdest im Raum du sein!
Ich fühlt` mich geborgen, war nicht mehr allein.
Dafür danke ich dir, Herr der Gerechtigkeit,
Gebieter über Zeit und Ewigkeit.
Verlass` meine Lieben und mich bitte nicht,
bis wir vor dir stehen beim Jüngsten Gericht.

Heute finde ich spontane Worte, die immer von einem Dankeschön begleitet sind.

7 – Medien

✘ Papier und Stift
✘ Farben

Diese Karte fordert dich auf, im Hinblick auf deinen inneren Frieden achtsam zu sein. Besonders dann, wenn du süchtig nach Hiobsbotschaften im Fernsehen, im Rundfunk, in den Tageszeitungen oder Illustrierten bist. Vielleicht ist „süchtig" nicht das treffende Wort. Es handelt sich oft um nie hinterfragte **Gewohnheiten**, die wir uns selbst zur täglichen Regel gemacht haben:

1. In Tageszeitungen nur oder *hauptsächlich* jene Beiträge lesen, die von Unfällen, Bankraubens, Morden, Wetterkatastrophen oder Ähnlichem berichten – und die Seiten über Kultur, Sport, Freizeit, Gesundheit nur überfliegen.
2. Bei den Nachrichten im FS (Rundfunk) *nur oder hauptsächlich* Bilder von Katastrophen ansehen (anhören) – und bei anderen News weghören, aufstehen, reden, essen oder lesen.
3. Im Internet nach Hiobsbotschaften, Menschen- oder Tierquälereien stöbern.
4. Horror- oder Terror-Videos borgen und ansehen.

5. Den immer wiederkehrenden negativen Redeschwall (klagen, jammern, sich beschweren, armes Opfer sein) von XY hinnehmen.

Wenn du dich täglich von Hiobsbotschaften berieseln lässt, darfst du dich nicht wundern, wenn deine Friedlichkeit davon gestört wird. Auch wenn du es nicht wahrhaben möchtest ... oder glaubst, das Ganze sogleich wieder abschütteln zu können ... kann es sein, dass ein Hauch davon zurückbleibt und dich tief drinnen beschäftigt. Bitte sei daher wachsam, WAS genau du im Hinblick auf deinen inneren Frieden sehen und hören willst ○ HUND 2-G. Wähle bewusster als bisher aus! Damit meine ich nicht, dass du Augen und Ohren für die Nöte anderer Menschen ganz verschließen sollst. Ich bitte dich bloß um ein Quäntchen Selbstreflexion, um Überprüfung von Gewohnheiten, die Nervosität und Aggression fördern können. Die Macht der Medien halte ich für enorm groß, noch dazu, wo sie von der Werbung (Zeitungen, FS, Plakate) zusätzlich noch unterstützt wird.

Zusatzspiel „Mein Friedensbeitrag"
Stell dir vor, du hättest im Rundfunk, Fernsehen oder in einer Tageszeitung die große Chance, einen Beitrag zum Thema „Frieden" zu bringen. Welche Bilder würdest du zeigen? Was würdest du sagen oder schreiben ○ ROBBE 7-S? Welches wäre dein größtes Anliegen? Und wie genau würdest du deine Botschaft in den Medien verbreiten/vermarkten ○ CHAMÄLEON 2-K wollen? Welches Plakat ○ ROBBE 1-ZM könntest du dir für deinen Friedensbeitrag vorstellen?

8 – Altar

✘ Kerzen
✘ Fotos/Bilder
✘ Blumen/Steine/Zweige
✘ Persönliche Gegenstände

Diese Karte motiviert dich, deine **persönliche Friedens-Ecke** zu gestalten. Werde erfinderisch Robbe 2-E und Chamäleon 5-P! Vielleicht fragst du dich, warum du das tun könntest/solltest? Weil du ▶

1. in deiner Freizeit etwas Kreatives, Bereicherndes tust.
2. dem Frieden in deiner Wohnung einen eigenen Platz/einen Altar verleihst.
3. einen persönlich gestalteten Platz zum Meditieren ⦿ Eule 1-M hast.
4. dein Zimmer damit aufwertest ⦿ Robbe 6-W … und
5. dort auch beten ⦿ Eule 6-G kannst, wenn du möchtest.

9 – Brief

✗ Papier und Stift

Schreibe einen **Brief an dich selbst.** Tu einfach so, als würdest du aus deiner Haut herausschlüpfen und dich von außen betrachten können. Glaube mir, das geht. Mit geschlossenen Augen gelingt es noch leichter. Nach einer Weile öffne deine Augen und beginne deinen Brief mit „Liebe/r (dein Vorname)" und deinen positiven Eigenschaften und Talenten ⭘ Hund 1-T, ungefähr so ▶

Liebe Eva!
Heute will ich dir endlich einmal sagen/schreiben, was ich großartig an dir finde! Zum Beispiel gefällt mir deine Art, wie freundlich du auf fremde Menschen zugehst. Auch deine Sprache finde ich toll und deine Frisur … usw. usw.

Wenn du Schwierigkeiten hast, deine vielen guten Seiten zu beschreiben, greife zum Telefonhörer und frage deine Geschwister oder Freunde ⭘ Chamäleon 2-K danach. Unsere Talente betreffend, sind wir manchmal blind uns selbst gegenüber … leider! Schließe deinen Brief mit diesen oder ähnlichen Worten ▶ „Ich mag dich, schätze dich, liebe und bewundere dich."

Schreibe einen **zweiten Brief an dich selbst,** indem du dich vorher wiederum eine Weile von außen beobachtest und danach deine vermeintlich „schlechten" Eigenschaften beschreibst, in etwa so ▶

Liebe Eva!
Es wurde schon Zeit, dass ich dir einmal sage/schreibe, was mich an dir stört. Ich will dir heute meine heimlichen Laster verraten und meine schlechten Angewohnheiten. Zum Beispiel stört mich an dir, dass du üblen Klatsch verbreitest! Außerdem isst du nachts Schokolade oder trinkst zwei/drei Gläser Wein, wenn du nicht schlafen kannst ... usw. usw.

Schließe diesen Brief mit diesen oder ähnlichen Worten ▶ „Ich mag dich trotzdem. Ich schätze dich, liebe und bewundere dich." Diese kleine Brief-Spielerei bewirkt, dass du dich mit all deinen Facetten, den guten und den weniger guten, akzeptieren – im Idealfall achten, schätzen und lieben – kannst. **Die Akzeptanz deines Wesens in seiner Gesamtheit** halte ich für die wichtigste Voraussetzung, mit dir selbst ins Reine zu kommen und in Frieden zu sein. Ist dieser Schritt gelungen, kannst du frei entscheiden, was (Verhalten, Eigenschaften, Gewohnheiten) du gerne beibehalten und was du an dir selbst verändern möchtest.

10 – Wortspiel

- ✗ Internet
- ✗ Lexikon/Wörterbuch/ Telefonbuch
- ✗ Papier und Stift

Notiere spontan aus dem Gedächtnis heraus ○ REIHER 3-W so viele Begriffe wie möglich, die **für dich zum persönlichen Frieden** gehören, zum Beispiel ▶ Windstille, Kinderlachen, Rosenknospe, Beten, Liebesbrief, Weihnachten …

Dieses kleine Wortspiel macht auch in der (Freundes-)Runde ○ CHAMÄLEON 2-K Spaß!
Erweitern kannst du/könnt ihr das **Friedenswörterspiel**, indem nach

Friedensnobelpreisträgern
Filmtiteln (Filme, die dem Frieden gewidmet sind/waren, oder Antikriegsfilme)
Buchtiteln, in denen das Wort „Frieden" vorkommt, oder
Namen ○ DROMEDAR 6-B, die zum Begriff „Frieden" passen (z. B. **Friedensreich** Hundertwasser, Maler)
Strassen, Gassen, Plätzen, Denkmälern, Gebäuden ○ DROMEDAR 2-K, 5-W und 10-G … die mit dem Frieden zu tun haben, geforscht wird.

DER AUF SEIN GEDÄCHTNIS ACHTENDE REIHER

1 – Kreuzworträtsel

✗ Zeitungen
✗ Illustrierte
✗ Rätselhefte
✗ Internet

Diese Karte beschert dir offensichtlich nichts Neues, oder doch? Sie will dich einerseits zur **regelmäßigen/täglichen/wöchentlichen Auflösung** von Kreuzworträtseln anregen und andererseits zum **Erfinden** ◐ Robbe 2-E **eigener Kreuzworträtsel** ermuntern!

Das Spielen mit Worten ◐ Reiher 3-W fördert nicht nur die Vitalität deines Gedächtnisses, sondern kann dir auch immens viel Freude und Spaß ◐ Chamäleon 10-F schenken!

Warum regelmäßig? Weil du damit „am Ball" bleibst, was bedeutet, dass sich neue Begriffe und Wörter in dein Gedächtnis einprägen. Dein Standardwortschatz erweitert sich. Außerdem förderst du mit dem Rätselauflösen deine Allgemeinbildung ◐ Dromedar 1-10.

Wenn du dein erstes eigenes Kreuzworträtsel erfindest, beginne mit einem kleineren Raster. Es muss ja nicht sofort eine ganze A4-Seite sein! Später, wenn du Übung hast, könntest du diese **Spielerei forcieren** und auf **bestimmte Themen** abstimmen. Für jedes Thema ein eigenes Kreuzworträtsel mit dazupassenden Wörtern. Themen wie ▶

    Positiv Denken◯ HUND 1-10

    Fitness ◯ GÄMSE 1-10 oder

    Frieden ◯ EULE 1-10

oder andere bescheren dir kreative, bereichernde Stunden - besonders dann, wenn es draußen trüb und regnerisch ist. Auch in der Freundesrunde kann das Erfinden eigener Kreuzworträtsel zur erquicklichen Abwechslung beitragen!

2 – Ahnenforschung

✗ Papier und Stift
✗ Farben
✗ Internet
✗ Lexikon oder Sprachbücher

Bei dieser Karte geht es um **deine Wurzeln**. Woher komme ich? Aus welcher Familie mütterlicherseits? Väterlicherseits? Woher stammen meine Großeltern? Meine Urgroßeltern? Aus welchem Land? Welcher Region? Woher kommt mein Familienname? Aus welcher Sprache? Aus welchem Wortstamm hat sich dieser Name (meiner, der meiner Eltern, Großeltern, Urgroßeltern) gebildet? Die Beantwortung dieser und ähnlicher Fragen kann deine Freizeitgestaltung in eine Richtung lenken, die du vielleicht bis jetzt noch nie ins Auge gefasst hast.

Beginne eventuell mit der Befragung im Familien- und Verwandtenkreis ◐ CHAMÄLEON 2-K. Mache dir Notizen. Wenn du genügend Material über deine Herkunft gesammelt hast, mache dich im Internet schlau über dein Herkunftsland (Region, Bezirk) ◐ DROMEDAR 1-G und 10-G. Suche dann nach der Bedeutung deines Familiennamens. Oft sind es nur noch wenige Buchstaben (Wortstamm), die vom ursprünglichen Wort (Althochdeutsch oder Fremdsprache ◐ DROMEDAR 4-F)

geblieben sind. Es ist kein „Zufall" im üblich verstandenen Sinn, dass ausgerechnet DU diesen Namen trägst, ... und lasse dich von der geheimen Sinnhaftigkeit überraschen!

Zusatzspiel „Stammbaum" ○ Robbe 1-ZM

Zeichne/male deinen persönlichen Stammbaum, der wie ein echter Baum aussehen könnte.
Oder du magst lieber eine modernere Form mit geraden Linien, die sich nach oben hin verzweigen. Wie auch immer, ist deine Bereitschaft für ein Experiment gefragt!

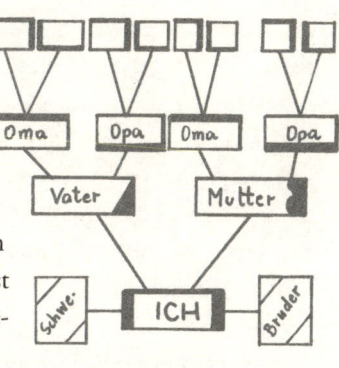

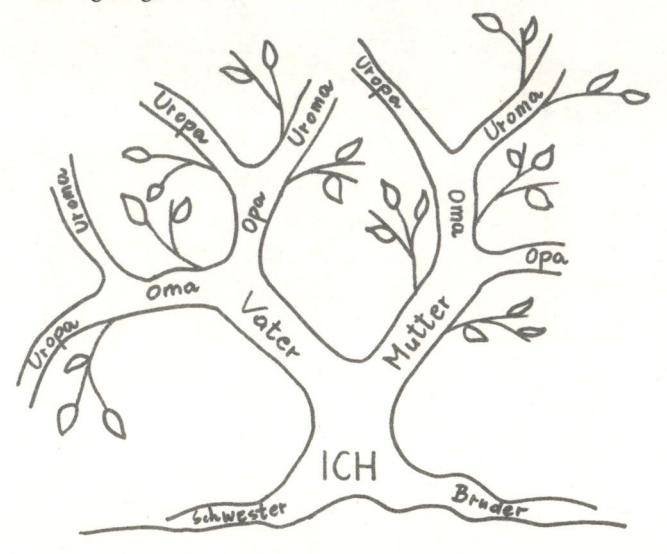

3 – Wortspiele

Die Betonung liegt bei dieser Idee auf dem Wort „Spiel". Es kann sein, dass du dich bei den nachfolgenden Anregungen an deine Kinder- und Jugendzeit erinnerst. Bitte lege die Karte trotzdem nicht weg ... du kannst tatsächlich auf **spielerische Art und Weise** etwas für dein Gedächtnis tun. Auch in der Freundesrunde ◉ CHAMÄLEON 2-K empfehlenswert!

1. Finde/t mit **jedem Buchstaben des Alphabets ein passendes Wort** zu den Themen ▸

   Berge   ◉ DROMEDAR 1-G
   Gewässer   ◉ DROMEDAR 1-G
   Haushaltsgeräte   ◉ MAULWURF 3-K
   Kleidungsstücke
   Kosmetik/Reinigungsartikel
   Länder   ◉ DROMEDAR 1-G
   Pflanzen   ◉ DROMEDAR 3-F
   Sportgeräte   ◉ GÄMSE 1-W, 4-S und 8-TH
   Städte   ◉ DROMEDAR 1-G
   Suppen
   Süßspeisen/Naschereien
   Tiere   ◉ DROMEDAR 7-F
   Kosenamen/Spitznamen … oder andere.

Wenn du Herausforderungen magst, kannst du dieses **Spiel forcieren**, indem du die **vorhandenen Themen eingrenzt** und dazu wieder Begriffe von A–Z findest ▶
Berge/Gebirge in Europa
Gewässer in Österreich und Deutschland
Blumen, Bäume oder Gewürze
Säugetiere, Fische oder Insekten
usw.

2. **Wortkette**, ein Spiel für mehrere Teilnehmer: Jemand beginnt mit einem zusammengesetzten Hauptwort, z. B. ▶ *Flusspferd*. Der/die Nächste setzt die Kette fort, indem mit dem zweiten Wortteil ein neues Hauptwort gebildet wird ▶ *Pferdesattel*. Und so weiter ▶ *Sattelschlepper* ... Auch dieses Spiel lässt sich steigern, wenn du/ihr fremdsprachliche Wörter benützt.

3. **Gemeinschaftssatz**, ein Spiel für mehrere Teilnehmer: Jemand beginnt einen Satz mit **einem** Wort, z. B. ▶ *Wir*. Der/die nächste muss das erste Wort wiederholen und ein zweites anfügen ▶ *Wir haben*. Jeder aus der Runde hat die Aufgabe, immer das ganze Satzgebilde zu wiederholen und mit einem neuen Wort zu ergänzen. Es darf gelacht werden! **Steigerung** des Spiels: Alle Wörter des Gemeinschaftssatzes müssen mit dem gleichen Buchstaben beginnen, ein wahre Herausforderung für die Lachmuskel!
Daniel durfte donnerstags dreckige Daunenpolster drücken, deswegen donnerte dauernd dunkler Dämonenspuk ....

4. **Wörter erfinden** ○ ROBBE 2-E. Hast du schon einmal ein Wort erfunden, das es noch nicht gab? Wenn nein, nur Mut! Ich persönlich liebe es, neue Begriffe zu kreieren, besonders im Beisein meiner Freundin Doris. Vielleicht fragst du dich, was das soll?
   1. Dein Denkinstrument wird damit spielerisch gefördert.
   2. Du bringst dich selbst und/oder andere zum Lachen und zum Staunen ▶ *Luftschnäppchenjagd, Keckarant, Inkognitoherkules ... duftorgeln, promillieren ...*

   Steigerung: Die erfundenen Begriffe in einer Erzählung verwenden!

4 – Zahlenspielereien

- ✗ Papier und Stift
- ✗ Zeitschriften
- ✗ Internet
- ✗ Lexikon
- ✗ Tarot-Karten

Sudoku:
Ist ein Logikrätsel. In der üblichen Version ist es das Ziel, ein 9 x 9-Gitter mit den Ziffern 1 bis 9 so zu füllen, dass jede Ziffer in einer Spalte, in einer Reihe und in einem Quadrat nur einmal vorkommt. Ausgangspunkt ist ein Gitter, in dem bereits mehrere Ziffern vorgegeben sind. In einer stark zunehmenden Zahl an Zeitungen und Zeitschriften werden heute regelmäßig Sudokurätsel veröffentlicht.

Einmaleins:
Wiederhole das Einmaleins, soweit du kommst. 1 x 2 bis 10 x 2 ... 1x 17 bis 10 x 17 ... Ideal auch als Einschlafhilfe oder beim Laufen ◐ GÄMSE 5-L.

Telefonnummern:
Wie viele Telefonnummern kannst du auswendig? Steigere deine Liste täglich um 2, 3 Nummern und wiederhole sie regelmäßig.

Geburtstage:
Wie viele Geburtstage (Tag/Monat/Jahr) deiner Familie, deiner Freunde und Bekannten kannst du spontan aufzählen? Erweitere deine Kenntnisse täglich um 2, 3 Daten.
Steigerung: Forsche nach Geburtsdaten berühmter Persönlichkeiten ◐ DROMEDAR 6-B im Internet oder im Lexikon. Lerne die Daten auswendig und füge sie zu deiner persönlichen Geburtstagszahlenliste, die du regelmäßig wiederholst.

Zahlenkette, ein lustiges Spiel für die Runde:
◐ CHAMÄLEON 2-K und 10-F
Jemand beginnt laut mit EINS, der/die Nächste sagt ZWEI und so weiter. Die Zahl SIEBEN darf bei diesem Spiel nicht erwähnt werden, stattdessen wählt ihr ein x-beliebiges Wort ▶ Klick, Wuff, Bumm … Diese Regel betrifft sowohl die Zahlen, in denen 7 enthalten ist (z. B. 14, 21 …), wie auch jene Zahlen, die 7 als Ziffer enthalten (z. B. 17, 27 …) Nach jedem „Klick" oder „Bumm" ist ein Richtungswechsel angesagt! *1, 2, 3, 4, 5, 6, Klick, 8, 9, 10, 11, 12, 13, Klick, 15, 16, Klick …*

Jahreszahlen:
Recherchiere die Jahreszahlen der wichtigsten …
… Kriege, Schlachten und Staatsverträge◐ DROMEDAR 10-G
… innerpolitischen Ereignisse im eigenen Land ◐ DROMEDAR 10-G
und lerne sie auswendig.

Persönlichkeits- und Wesenskarte (Tarot):
Addiere Tag, Monat und Jahr deines Geburtsdatums und reduziere diese Summe auf maximal 22, denn es gibt nur 21 „Große Arkanen". 22 wird im Tarot mit der Zahl Null (= der Narr, Neubeginn) gleichgesetzt.

1. Beispiel: 21.07.1947 Summe = 1975, reduziert auf 22, reduziert auf 4.
   Die erste reduzierte Zahl nennt man Persönlichkeitskarte. Das bedeutet, dass die Person mit diesem Geburtsdatum die Zahl 22 hat. Die zweite reduzierte Zahl (Ziffernsumme aus 22 = 4) ist die (innere) Wesenskarte. Die betreffende Person zeigt nach außen hin (Persönlichkeit) das Wesen des „Narren" (22) und verbirgt im Inneren das Wesen der Karte 4 = „Der Herrscher".
2. Beispiel 22. 07.1957 Summe =1986, reduziert auf 24 (zu hoch), daher reduziert auf 6.
   Aus dem Geburtsdatum dieser Person ergibt sich nur EINE reduzierte Zahl: Die 6 = „Die Liebenden". Das bedeutet, nach außen hin gelebte Persönlichkeitsanteile stimmen mit dem inneren Wesen überein.

Wenn du mehr darüber erfahren möchtest, stöbere in Buchhandlungen oder im Internet, wo du aus einer Vielzahl verschiedener Tarotkarten und -bücher auswählen kannst. Auch Seminare werden angeboten.

5 – Bildung/Wiederholung ○ Dromedar

✗ Papier und Stift

Diese Karte fordert dich zu einem **Rückblick** auf, selbstverständlich ohne vorher nachzusehen.

1. Welche Karten (Nummer und Titel) hast du aus dem Bereich „Bildung" bereits gezogen?
2. Welche Karten (Nummer und Titel) hast du bewusst ausgewählt?
3. Welche Karte hat dich besonders fasziniert und warum?
4. Wie lange hast du dich damit beschäftigt?
5. Was hast du dir davon bis heute gemerkt (notiere alles, was dir jetzt spontan einfällt)?
6. Was hast du davon in die Tat umgesetzt?
7. Was daran war völlig neu für dich (notiere deine persönlichen Erfahrungen, deine Stimmungen, deine Widerstände ○ Maulwurf 1-S)
8. Welche Idee aus dem Bereich „Bildung" konntest du ergänzen/ausbauen?
9. Was hat dir den größten Spaß, die meiste Freude bereitet?

6 – Regierung

✗ Papier und Stift
✗ Internet
✗ Tageszeitungen

Diese Karte fordert dich auf, die **derzeitige Regierung** unter die Lupe zu nehmen. Notiere **zuerst spontan** sämtliche Namen und Begriffe, die dir kunterbunt einfallen ▶

Bundespräsident, Minister, Ministerien, Staatssekretäre, Landtagsabgeordnete, Parteien, Parteivorsitzende und deren Stellvertreter/innen ...

Bringe dann deine Notizen in ein System oder einen Raster mit Zeilen und Spalten, indem du Überschriften bestimmst, die vorhandenen Namen und Begriffe einträgst. Eventuell vorhandene Leerzeilen kannst du als Impuls werten, deine „Regierungsliste" fertigzustellen, indem du in Zeitungen oder im Internet fehlende Namen recherchierst.

Steigerung: Regierungsliste eines Landes erstellen, das dich besonders interessiert, oder ... eines Landes, das dir fremd oder unsympathisch ist.

7 – Gedichte, Balladen, Liedtexte

✘ Gedichtbände
✘ Schulbücher
✘ Plattencover
✘ Internet

Diese Karte möchte dich anregen ...

... dein **Lieblingsgedicht** auswendig zu lernen oder – wenn es dir ohnehin präsent ist – ein zweites, drittes, viertes ... hinzuzufügen.
... dein Gedächtnis auf deine Schulzeit zu richten. An welche **Ballade/n** erinnerst du dich? Kannst du noch die ganze Ballade auswendig oder Teile davon? Welche?
... **Texte deiner Lieblings-Lieder,** -Schlager, -Arien auswendig zu lernen und dich mit deren **Kernaussagen** zu beschäftigen. Geht es im Inhalt um Liebe ... um Tod ... um Hoffnung ... oder ist es der simple Text, der dich zum Lachen oder Mitsingen veranlasst ◐ MAULWURF 1-S?

Steigerung: Recherchiere auf Plattencovern oder im Internet fremdsprachige Liedtexte ◐ DROMEDAR 4-F. Wiederhole neue Vokabeln und lerne die Texte auswendig.

DER AUF SEIN GEDÄCHTNIS ACHTENDE REIHER
Gedichte, Balladen, Liedtexte

Zusatzspiel „Eigener Liedtext" ○ Robbe 2-E **und** 7-S
Wähle eine Melodie (Lied oder Schlager), die dir leicht ins Ohr geht, und erfinde deinen ganz persönlichen Text dazu. Es hilft, wenn du beim Texten die Melodie dazu summst ... Stück für Stück, Zeile für Zeile gehst du vor. Diese kleine Spielerei bereitet enorm viel Spaß, wenn sich mehrere Personen nicht nur am Dichten beteiligen, sondern zum Schluss den neuen Schlager gemeinsam singen ○ Chamäleon 1-S!

Nach der Melodie „Das Wandern ist des Müllers Lust" ▶
Der Himmel ist heut ziemlich grau,
der Himmel ist heut ziemlich grau,
der Hi-i-mmel.
Darum werde i-ich heute fleißig sein
und schau in a-alle Laden rein.
Ich schau in alle Laden rein
und das ist fein!

8 – Kindheit

✗ Papier und Stift
✗ Evtl. alte Schwarz-Weiß-Fotos
✗ Internet

Bei dieser Karte geht es um **Details.** Erinnere dich an deine Kinderzeit! Vielleicht musst du jetzt dein Gedächtnis etwas strapazieren … du bist nämlich aufgerufen, dich an wichtige Begebenheiten genauso zu erinnern wie an Kleinigkeiten oder Belangloses. Dieser Rückblick kann dir nicht nur ein paar neue Erkenntnisse ◐ MAULWURF 1-S vermitteln. Er wird dir Freude ◐ CHAMÄLEON 10-F bereiten und gleichzeitig dein Erinnerungsvermögen spielerisch fördern. Bestimmt musst du bei einigen Kindheits- oder Jugenderlebnissen auch schmunzeln …! Die Fragenliste habe ich bewusst auf positive, erfreuliche Erinnerungen abgestimmt: ▶

An welches schöne, lustige, aufregende **Erlebnis als Kleinkind** (2–5 Jahre) kannst du dich noch erinnern? Beschreibe es und erzähle auch über dich ein paar Details. Wie sah deine Frisur aus? Welche Farben hatte deine Kleidung? Trugst du Schuhe oder warst du barfuß? Welche Jahreszeit war damals? Welcher Monat? Oder weißt du sogar noch das genaue Datum? Wer war anwesend? Wie sahen diese Leute aus? Wo genau hat sich die besagte Szene ereignet? Was im Detail war ausschlaggebend, dass du dich an dieses Erlebnis heute noch gerne erinnerst? Für die Antwort auf die letzte Frage nimm dir bitte genügend Zeit ... du kannst damit etwas über dein Gefühlsleben, über deine Seele, erfahren.

An welches schöne, lustige, aufregende **Erlebnis als Schulkind** (6–14 Jahre) kannst du dich erinnern? Fragen ähnlich wie oben. Zusätzlich könntest du deine/n Lieblingslehrer/in beschreiben. Was genau mochtest du an ihm/ihr so sehr? Welche Eigenschaft hast du an ihm/ihr bewundert? (Es war eine, die auch DU besitzt! Das Spiegelgesetz stimmt immer.) Prüfe dich, ob du diesen Charakterzug deines/r früheren Lehrers/in heute als Erwachsene/r auslebst. Wenn ja, Gratulation! Wenn nein, könntest du mit Hilfe der Spiegelgesetz-Methode® leicht herausfinden, welche lieblose Überzeugung, welcher negative Glaubenssatz dir dabei im Wege steht.

An welches schöne, lustige, aufregende **Erlebnis als Teenager** (15–18) kannst du dich erinnern? Beschreibe es kurz und sieh dann auf die Details in dieser Geschichte. Wann genau (Tag/Monat/Jahr) fand die Szene statt? Wie sahst du damals aus? Wie groß warst du und wie schwer? Hast du ein Schmuckstück getragen? Aus wie vielen Farben bestand deine Kleidung und welche Farben waren es? Hattest du Geld dabei? Wenn ja, wie viel? Wer war außer dir anwesend? Beschreibe diese Personen so exakt, wie es dir möglich ist. Warum glaubst du, ist dir jetzt ausgerechnet dieses Erlebnis eingefallen? Was genau hat dich daran so sehr berührt? Wenn du es herausgefunden hast, blicke in dein jetziges Leben ... und prüfe, ob diese „Qualität" (ab und zu, kontinuierlich, nie ..) auch jetzt für dich präsent ist. Gehe davon aus, dass du auf der Welt bist, um glücklich zu sein! Innige Berührung, seelisch und körperlich, gehört meinem Empfinden nach dazu.

Zusatzaufgabe „Mein erster Kuss"
Erinnere dich an deinen allerersten Kuss ... und schreibe ○ ROBBE 7-S eine kleine Geschichte darüber. Entweder in der Ich-Form oder du erfindest ○ ROBBE 2-E eine Person, die deine Rolle einnimmt. Erinnere dich an den jungen Mann ... an das Mädchen ... der/das diese Erfahrung mit dir teilte. Wenn du möchtest, danke ○ EULE 4-D ihm/ihr in Gedanken ... Mit etwas Neugierde und einer Portion Mut könntest du noch etwas tun. Du könntest diesen Menschen ausfindig machen, ihm eine Karte schreiben, ein E-Mail schicken oder einfach anrufen ○ CHAMÄLEON 2-K.

9 – Buch- und Filmtitel

✗ Papier und Stift
✗ Internet, PC/Word
✗ Filmprogramme

Diese Karte kann dein **Langzeitgedächtnis** ziemlich herausfordern. Du sollst **zuerst spontan** so viele **Buchtitel inklusive Autoren** im kunterbunten Durcheinander (Bücher, die du gelesen hast) aufzählen und notieren, wie möglich. Bringe danach Ordnung ○ Maulwurf 5-B hinein, indem du eine Tabelle (falls vorhanden mit dem PC ○ Dromedar 8-C) erstellst, entweder auf Buchtiteln oder Autoren ausgerichtet. Ergänze deine Tabelle laufend, indem du in deinem Bücherkasten stöberst oder im Internet nach Titeln und/oder Autoren von Büchern forschst, die du als Kind oder Jungendliche/r gelesen hast. Diese Tabelle kann dir eine großartige Hilfe beim Durchforsten und Neuordnen deiner Bücherregale sein!

Welches ist dein **Lieblingsbuch?** Oder sind es mehrere? Was genau fasziniert dich so sehr daran, dass dir der Titel präsent ist? Inhalt? Schreibstil? Wie würdest du in einem Satz die Kernaussage, die Quintessenz, dieses Buches ausdrücken, wenn dich jemand danach fragt?

Welche **Filmtitel** fallen dir jetzt spontan ein (Filme, die du gesehen hast)? Notiere sie. Ergänze deine Liste laufend. Wer waren die Hauptdarsteller? Wer führte Regie? In welchem Jahr fanden die Premieren statt? Wie lange liefen diese Filme und in welchen Ländern/Sprachen? Recherchiere im Internet ○ Dromedar 8-C oder in Filmprogrammen.

Wie lautet der Titel deines/deiner **Lieblingsfilms/e**? Was genau fasziniert dich daran? Inhalt? Schauspieler? Effekte/Spannung? Filmmusik? In welche Rolle würdest du in diesem Film gerne schlüpfen und warum ○ Maulwurf 1-S? Wenn du dich mit dieser Frage etwas intensiver befasst, wirst du höchstwahrscheinlich um eine Selbsterkenntnis reicher sein!

Zusatzaufgabe „Kontakte knüpfen" ○ Chamäleon 2-K
Die meisten Autoren wie auch Menschen aus der Filmbranche besitzen eine eigene Webseite mit einer Mailadresse. Im Zeitalter des Internets ist es daher ganz leicht, neue Kontakte zu knüpfen!
Wenn du keinen eigenen PC hast, besuche während eines Spaziergangs ○ Gämse 2-TA ein Internet-Café und setze dich mit deinen Favoriten in Verbindung, indem du vielleicht deine Bewunderung ausdrückst oder einfach Grüße schickst!

10 – Ernährung

- ✗ Internet
- ✗ Arzneimittelbroschüren
- ✗ Gesundheitszeitschriften
- ✗ Bachblütenkatalog
- ✗ Infobroschüre Hildegard-Medizin und Ähnliches

Diese Karte möchte dich anregen, für die **kontinuierliche Fitness deines Gedächtnisses** fündig zu werden, indem du nach **Lebens-, Nahrungs- oder Naturarzneimitteln** forschst, die sich positiv auf Gehirn und Konzentrationsfähigkeit auswirken. Welche Vitamine, Mineralstoffe, Spurenelemente, Bachblüten ⊙ DROMEDAR 3-F … fördern die Funktionstüchtigkeit unseres Denkapparats? Mit dieser Frage ausgerüstet, mache dich wenn möglich zu Fuß ⊙ GÄMSE 2-TA und 5-L oder mit öffentlichen Verkehrsmitteln zur nächsten Buchhandlung … Apotheke … zum nächsten Bio-Laden … auf, bevor du im Internet danach suchst. Sammle Informationen und Broschüren. Lasse dich von Fachleuten aus der Branche über Dosis/Menge und Wirksamkeit von Vitaminen, Mineralstoffen etc. beraten. Auch in Beilagen von Tages- oder Bezirkszeitungen ⊙ EULE 7-M kannst du wertvolle Beiträge zum Thema dieser Karte finden. Vielleicht möchtest du eine Gesundheitszeitschrift abonnieren? Oder dich an Diskussionen in diversen Gesundheitsforen ⊙ DROMEDAR 8-C und ⊙ CHAMÄLEON 2-K beteiligen?

DIE KREATIVE ROBBE

1 – Zeichnen/Malen

✗ Papier/Zeichen- und/oder Malblock
✗ Stifte/diverse Farben
✗ verschiedene Pinsel
✗ Lineal
✗ evtl. Keilrahmen
✗ Internet

Diese Karte richtet sich in erster Linie an Personen, die das Zeichnen und/oder Malen bis jetzt strikt abgelehnt haben: „Nein, das kann ich nicht!" Hinter solchen und ähnlichen Statements verbirgt sich häufig die Angst ... nicht gut genug zu sein ... zu versagen ... oder ausgelacht zu werden. Meistens ist es so, dass irgendjemand vor sehr langer Zeit und mit harten, kritisierenden Worten dem kleinen Max oder der kleinen Maria die Lust ausgetrieben hat, je wieder Buntstifte oder einen Pinsel in die Hand zu nehmen. Zurück blieb in Max und Maria bis heute ein liebloser Glaubenssatz: „Ich kann weder zeichnen noch malen. Das schaffe ich nicht!"

Es gibt keinen „Zufall" im üblich verstandenen Sinn. Diese Karte ist dir in den Schoß gefallen ... damit du deine Scheu überwindest. Sie ist deine Chance, alte Kindheitsängste ◐ MAULWURF 1-S endlich ad acta ◐ EULE 2-V zu legen!

Zeichnen

Beginne mit Linien, Strichen, Dreiecken, Kreisen ...nebeneinander ... ineinander ... mit Blei- oder Buntstift/en auf gewöhnlichem Schreibpapier, später auf Qualitätszeichenpapier. Spiele damit, indem du vielleicht ein Muster entstehen lässt, das du später bunt ausmalst? Regelmäßige Muster aus Kreisen, Drei- und Vierecken entpuppen sich vielleicht als dein ganz persönliches, erstes *Mandala* (aus dem Sanskrit, ein kreisförmiges oder quadratisches, symbolisches Gebilde). *Steigerungsmöglichkeiten* ▶
Mache Skizzen von ... einer Blume ... einem Baum ... einer Landschaft ... einem Gesicht ... einer Gestalt ... einem Haus/deinem letzten Urlaubshotel (evtl. nach Foto) ... Spaziergang mit Zeichenblock ... ◐ GÄMSE 2-TA. Haus, Baum oder Ähnliches abzeichnen.
Eigenes Türschild entwerfen/skizzieren.
Eine Karikatur aus Zeitschrift oder Buch abzeichnen, später eine eigene probieren.
Werde erfinderisch ◐ ROBBE 2-E! Kombiniere Bleistifte, Buntstifte, Kohlestifte, Kreiden ... experimentiere einfach damit und freue ◐ CHAMÄLEON 10-F dich über deine Werke, anstatt sie herunterzumachen.

Malen

Beginne mit einfachen Strich- und Farbübungen auf Malpapier oder -karton. Erfreue dich in erster Linie an der Buntheit deiner Erstlingswerke! Wähle zwischen Acryl- oder Aquarellfarben.

Nach meiner Erfahrung eignen sich Acrylfarben als Einstieg in die Malerei bestens. Dennoch bleibt die Wahl natürlich bei dir. Lasse dich in Künstlerbedarfsläden über Papier, Keilrahmen und Pinsel beraten oder forsche im Internet danach. Ein Tipp:
▶ Nicht gleich das teuerste Material kaufen! Solltest du die Malerei später intensiver und mit großer Lust betreiben, kannst du immer noch aufstocken. Nach deinen ersten Pinselstrichübungen könntest du dich autodidaktisch *allmählich steigern* ▶
Male Bilder (entweder nach Vorlage eines Fotos, Kalenderblattes etc. oder aus deiner Fantasie heraus) von … einer Blume … einem Blumenstrauß … einer Landschaft … einem Haus … oder arrangiere ein Stillleben (Frucht, Krug, Buch oder ähnliche Gegenstände), das du abmalst – und zwar auf **deine ganz persönliche Art und Weise!** Diesen Hinweis halte ich für überaus wichtig. Es ist DEIN Werk. Mit keinem anderen Bild zu vergleichen und deswegen ist es einzigartig auf der Welt. Malkurse werden in Volkshochschulen oder privat von Künstlern angeboten. Hole bei deinem nächsten Spaziergang ◐ GÄMSE 2-TA Informationen über Angebot und Kurskosten ein.

Es würde den Rahmen dieses Spiels sprengen, die übergroße Vielfalt der Möglichkeiten zum Thema „Malerei" aufzuzeigen. Vielleicht können dich jedoch die nachfolgenden, willkürlich aneinandergereihten **Code-Wörter** motivieren, auf eigene Faust weiterzumachen ▶
Biografien ◐ DROMEDAR 6-B berühmter Maler – Kunstrichtungen – Farblehre – Fresken – Perspektivlehre – Ferienakademien ◐ CHAMÄLEON 8-U – Bauernmalerei – Seidenmalerei … und so weiter und so fort.

2 – Erfinden

✗ Papier und Stift
✗ allerlei Gegenstände und Zutaten

In jedem Menschen wohnt ein Erfinder, davon bin ich überzeugt! Erfinden ist eine lustige, überaus kreative Beschäftigung, die so nebenbei deinen Denkapparat auf Touren ⊙ REIHER 1-10 und ⊙ HUND 9-F bringt. Oft sind/waren es Gebrauchsgegenstände, wie zum Beispiel die Lockenbrennschere von Heinrich Beck oder der Kleiderbügel von Thomas Jefferson, die den Erfinder berühmt oder gar zum reichen Mann, wie zum Beispiel Saul Griffith, den Erfinder der Billigkontaktlinsen, machten.

Nun zu dir, liebe/r Erfinder/in. Fast höre ich deine Einwände und spüre deinen Widerstand: „Was, um Himmels willen, soll ich erfinden? Und wozu soll das gut sein?" Erfinden kannst du alles, was du dir konkret vorstellen (visualisieren) kannst. Handelt es sich um ein größeres Objekt, kannst du die Zeichnung/den Plan ⊙ ROBBE 1-ZM dafür erfinden und die Ausführung entweder ad acta legen, selbst zur Tat schreiten oder einem Fachmann übertragen. Erfinden hat auch viel mit Improvisation zu tun, zum Beispiel beim Kochen einer neu kreierten Vor-, Haupt- oder Nachspeise oder beim Entwerfen und Zusammenstellen eines neuen Kleidungsstückes ● ROBBE 8-K. Sieh dich einfach als **Laienerfinder/in** und weniger als Perfektionist, der alles parat haben und können muss. Deine ganz persönlichen Erfindungen sollen spielerisch leicht und mit einer Prise Humor entstehen! Auch als Gruppenspiel wunderbar geeignet. Hier ein paar Ideen für Laienerfinder/innen ▶

Worte	● REIHER 3-W, ● HUND 4-S und ● ROBBE 7-S
Spiele	● REIHER 3-W und ● REIHER 4-W
Liedertexte und/oder -melodien	● CHAMÄLEON 1-S
Kleidungsstücke/Hüte	
Speisen	● ROBBE 9-SP

einfache, praktische Gebrauchsgegenstände
(Hilfefragen: „Was würde mir in diesem speziellen Punkt helfen? Was fehlt da? Wie könnte das aussehen?")

Club für …?	● CHAMÄLEON 2-K
Wappen	● ROBBE 1-ZM

Möbelstücke, Stoffmuster, Rituale, Schmuckstücke, Gedichte, Brillenfassungen, Lampenschirme, Flaschenetiketten, Geschenkartikel, Tierzubehör und -bekleidung, Spielzeug, Werbespots … und so weiter und so fort.

3 – Formen/Modellieren

✗ Knetmasse (Plastilin, Fimo)
✗ Ton
✗ Pappmaché
✗ Wachs
✗ Salzteig
✗ Internet

Diese Karte regt dich an, ein berauschendes Gefühl in deinen Händen kennenzulernen, das sich äußerst positiv auf deine Stimmungslage auswirken kann. Denn es ist tatsächlich ein berauschendes Erlebnis, einem formlosen Klumpen ein konkretes Aussehen zu verleihen. Bitte keine Einwände … glaube mir, du kannst das! Und zwar deswegen, weil dir erstens eine Fülle von Möglichkeiten offen steht und weil es zweitens keine Vorschriften gibt, die du beim Formen und Modellieren einhalten musst.

Beginne mit **Knetmassen** in bunten Farben. Taste dich über einfache Formen (Teller, Becher, Schlange, Maus, Fisch, Anhänger für Oster- oder Weihnachtsbaum …) allmählich zu aufwendigeren Formen (Krug, Tier mit Beinen, Vogel, Baum mit Ästen …) heran. Knetmassen kannst du jederzeit wieder zu einem Klumpen machen und von vorne beginnen. Außerdem sehe ich Spielereien mit Knetmassen als Vorübung für Arbeiten aus ▶

Pappmaché

Zubereitung: *Füge klein zerschnitzelten Zeitungen warmes Wasser hinzu, aufweichen lassen, Tapetenkleister dazu, verrühren, etwas Mehl dazu, bis eine dicke, elastische Masse entsteht.*

Wenn deine Form/en (Köpfe, Büsten, Tiere, Puppen …) fertig sind, müssen sie trocknen. Danach zu Pinsel und Farbe ○ ROBBE 1-ZM greifen und eventuell mit farblosem Sprühlack lackieren.

Ton

Beim Arbeiten mit Ton kannst du zwischen freiem Modellieren, sogenannter „Würstelaufbautechnik", oder der Töpferscheibe wählen. Information darüber findest du im Internet, in Volkshochschulen, in Töpfereien und im Fachhandel. Tonarbeiten benötigen insofern mehr Aufwand, weil das geformte Produkt zuerst luftgetrocknet und danach gebrannt werden muss, um es gebrauchsfähig zu machen (Rohbrand). Sollen Figuren, Töpfe, Krüge, Vasen und Ähnliches außerdem noch farbig werden, folgt das Glasieren (Malen oder Tauchen) mit speziellen Tonfarben und der Glasurbrand. Wenn dich das Töpfern immer schon interessiert hat, du dich aber bis jetzt noch nie zu einem Kurs aufraffen konntest … schreite zur Tat!

Wachs

bietet dir aufgrund verschiedener Knettechniken einigen Spielraum. Besonders Kerzen und Figuren eignen sich hervorragend zur Wachsverarbeitung. Auch für deine Sinne kann das Kneten und Formen von Wachs im Gegensatz zu Pappmaché oder Ton eine völlig neue Erfahrung sein. Wachs erwärmt sich in deinen Händen, es fühlt sich weich und fettig an.

Salzteig

Zuereitung: *Mische 2 Teile Mehl, 2 Teile Salz mit 1 Teil Wasser und etwas Glycerin (Apotheke). Verrühre das Ganze und lasse den Klumpen eine Weile ruhen.*

Aus Salzteig lassen sich alle möglichen Formen hervorzaubern. Besonders beliebt sind Wandbilder, Türschilder oder Anhänger für den Christbaum. Nach Fertigstellung wandern deine Kreationen zunächst ins Backrohr (180–190 Grad), bis sie eine leichte Bräunung aufweisen. Auskühlen lassen, bemalen ⊃Robbe 1-ZM und farblos lackieren.

4 – Kochen

✗ Papier und Stift
✗ Kochbücher
✗ Zutaten
✗ Internet

Diese Karte will dich zum Kochen animieren. Bist du **Anfänger/in** oder hattest du bis jetzt **wenig Lust** dazu … sieh die Karte als Chance, deinen Widerstand zu besiegen! Warum, fragst du? Weil du damit neuen Schwung (Buntheit, Duft, Wärme …) in deine Behausung bringst, weil du deine Küche damit ehrst, weil du ein verborgenes Talent an dir entdecken kannst, weil du Zutaten, Essenszeiten und Speisenfolgen selbst bestimmen kannst und weil du möglicherweise auch Geld sparst. Frage dich zuallererst, was du besonders gerne (zum Einstieg ein einfaches Gericht) isst. Frage im Familien-, Freundes- oder Bekanntenkreis ◑ CHAMÄLEON 2-K nach Zutaten und Zubereitung, bereite deine simple Favoritenspeise zu, lasse es dir schmecken und lobe dich auch gebührend!

Zusatzaufgabe „Widerstand/Widerwille"
Innere Widerstände kannst du unter Anwendung der Spiegelgesetz-Methode® leicht herausfinden und aufgeben, indem du dich zum Beispiel fragst: „Was befürchte ich insgeheim, wenn mir etwas X-Beliebiges misslingt? Eine Bestrafung? Welche?"

oder du beginnst mit deiner Selbstbefragung ◐ Maulwurf 1-S (als Mann) ungefähr so: „Vertrete ich die fest sitzende Meinung, dass Kochen reine Frauensache ist? Leidet mein männliches Selbstbild darunter? Glaube ich, ein Softi/Schwächling zu sein, wenn ich in der Küche hantiere?" Als Frau: „Leidet mein berufliches, mühsam aufgebautes Image darunter?" oder denke ich: „Für mich (unbedeutendes Wesen …) kochen …? Das steht nicht dafür, zahlt sich nicht aus." Mache dir Notizen zu solch klein machenden Gedanken und lasse sie eine Weile in deiner Nähe, lese und ergänze sie nach Bedarf. Auf diese Weise wird dir bald bewusst werden, dass es *nicht das Kochen an sich ist,* sondern dass es deine eigenen (negativen) Gedanken darüber sind, mit denen du selbst einen Riegel vor deine Küche geschoben hast. Verabschiede deine Notizen mit einem kleinen Ritual ◐ Eule 5-R und wähle einen neuen, motivierenden oder lustigen Leitsatz. Zum Beispiel:

Ich freue mich auf mein erstes, selbst gekochtes Essen.
In jedem Menschen steckt ein Haubenkoch, wow …
Ich schaffe das mit links!
Ich ehre mich heute/morgen mit einem selbst zubereiteten Mahl.
Ich erklimme die erste Sprosse auf der Leiter Richtung Fernsehkoch.

Steigerung: Nachdem deine ersten Kochversuche gelungen sind und hoffentlich auch gebührend gefeiert wurden ◐ Chamäleon 10-F, wage dich an neue Speisen heran, bis du den begeisternden Impuls verspürst, **ein ganzes Menü** (JAWOHL, auch für dich alleine!) zuzubereiten. Sieh dein erstes Ein-Personen-Menü evtl. als Probekocherei, um nächstes Mal Gäste ◐ Chamäleon 2-K einzuladen.

Bist du bereits **Hobby-Koch-Profi,** will dich diese Karte anregen, erfinderisch ◐ Robbe 2-E zu werden! Kreiere deine ganz persönlichen ...

   ... Vorspeisen
   ... Suppen
   ... Fleischspeisen
   ... vegetarischen Hauptgerichte
   ... Beilagen
   ... Salate
   ... Nachspeisen, Cremen
   ... Bäckereien, Torten, Kuchen
   ... Füllungen für Strudel

und so weiter und so fort. Wenn du das ohnehin schon tust, könntest du dich **steigern,** indem du zum Beispiel Speisenfolgen für **Diabetiker, Fettleibige, Veganer oder Exzentriker** zusammenstellst und kochst .. oder bisher nie verwendete Gewürze, Meeresfrüchte oder essbare Pflanzen aus der Natur ◐ Gämse 1-W in deine Kochkunst einbaust.

Außerdem steht es dir frei, dein **erstes, eigenes Kochbuch** herauszubringen ◐ Robbe 7-S. Gib die Erfahrungen deiner Kochexperimente weiter! Vielleicht mit einem Titel, der neugierig macht oder spezielle Menschengruppen anspricht:
Kochbuch für ▶ Exzentriker ... Künstler ... Motorradfahrer ... Schulkinder (einfache, vitaminreiche Speisen oder kleine Bäckereien) ... Teenies (Schnellküche, erlesene Zutaten, moderne Sprache) ... oder du nimmst einen humorvoller Titel, der NUR neugierig macht ▶ „Exclusiv privates Spezialitätenallerlei" ... „Das PPD" (Persönliches Privat Diner) ... „Der Weg des kreativen Kochkünstlers"... und so weiter und so fort.

5 – Fotografieren

✗ Fotoapparat
✗ Digitalkamera
✗ Fotohandy
✗ Lexikon
✗ Internet

Im Zeitalter fortschreitender Technisierung kommt das Fotografieren mit herkömmlichen oder einfachen Fotoapparaten langsam aus der Mode, findest du nicht? Zwischendurch ein Foto mit dem Handy klicken und als SMS verschicken, scheint wesentlich mehr „in" zu sein, als mit einem ganz gewöhnlichen Fotoapparat bewusst auf Motivsuche zu gehen und den fertigen Film entwickeln zu lassen. Meinungen wie: „Das ist hinterwäldlerisch" oder „So viel Arbeit soll ich mir antun? Wie umständlich!" könntest du bei dieser Karte hintanstellen, weil sie als Aufforderung gilt, dich zur Abwechslung aus dem Sog modernster Techniken zu lösen und entweder deinen alten Fotoapparat hervorzukramen oder eine Billigkamera als Einstieg in die Fotografie zu kaufen/borgen.

Die Karte will dich motivieren, deinen **Blick für das Schöne** zu schulen und auf **faszinierende Details** zu achten, die du fotografisch festhältst. Beginne einfache Motive bei hellem Tageslicht zu fotografieren. Spaziere ◐ GÄMSE 2-TA zum nächsten Park ... zur nahen Wiese ... zu einem Bach oder Teich ... schlendere durch alte Gassen ... über Felder oder durch Weingärten und achte bei deinen Fotoexperimenten – wie erwähnt – nicht nur auf die Schönheit des Motivs, sondern genauso auf diverse Kleinigkeiten, die dir früher noch nie aufgefallen sind. Damit schulst du deine Wahrnehmungsfähigkeit, deine Sinne und auch dein Gedächtnis ❍ REIHER 1-10. Vielleicht bist du an einem bestimmten Portal ... an einem uralten Baum mit zerklüfteter Rinde ... an kleinen, gelben Blumen am Wegesrand ... oder an einem bestimmten Denkmal schon oft vorbeigegangen und hast faszinierende Details übersehen? Jetzt könntest du die Chance der Karte nützen, nächstes Mal genauer hinsehen, ein paar Fotos schießen und dich über deine fortschreitenden Erfolge als Hobbyfotograf freuen!

Zusatzaufgabe „Alte Fotos und Fotoalben" ❍ MAULWURF 9-F
Bringe deine Fotosammlung in Ordnung und befreie das Durcheinander aus seinem Schachtelgefängnis. Das Ordnen, Sichten, Einkleben (Fotoalben) und Beschriften alter Fotografien halte ich für eine überaus meditative Beschäftigung ❍ EULE 1-M. Du erreichst damit nicht nur Übersichtlichkeit ... sondern befasst dich automatisch mit jenen Personen oder Szenen, die auf den Fotos abgelichtet sind. Erinnerungen werden wach ... Wenn du möchtest, kannst du für dieses/jenes Erlebnis noch einmal danken ❍EULE 4-D. Oder du hältst plötzlich das Konterfei einer Person in Händen, mit der du im Streit auseinandergegangen bist oder der du etwas vorwirfst. Eine wunderbare Gelegenheit zu vergeben ... ❍ EULE 2-V.

Die kreative Robbe

Zusatzaufgabe „Bildung" ○ Dromedar 10-G
Wecke dein Interesse für ▶
  ... Geschichte und Entwicklung der Kamera
  ... der Fotografie
  ... für Arten und Bauformen von Kameras
  ... für historische Spezialkameras
Stöbere in großen Buchhandlungen ○ Gämse 2-TA oder sammle Informationen darüber im Internet und lerne die wichtigsten Daten auswendig ○ Reiher 1-K und 5-B.

6 – Wohnraum

✘ Stoffe
✘ Blumen
✘ diverse Accessoires
✘ Kleinwerkzeug, Farben, Lacke

Sieh diese Karte als Aufforderung, neue Akzente ◐ CHAMÄLEON 9-A in deinem Wohnbereich zu setzen. Die Schlüsselwörter dazu lauten: *Umstellen, Dekorieren, Austauschen, Ergänzen, Flohmarkt, Sonderangebote und Schnäppchen*. Du bist aufgerufen, mit **geringem finanziellen Aufwand,** dafür mit **viel Fantasie** den einzelnen Räumen in deiner Behausung ein etwas anderes Aussehen zu verleihen. Damit meine ich erst in zweiter Linie neue Tapeten oder Fliesen. Vorrangig will dich diese Karte motivieren, **mit wenigen Mitteln zu improvisieren.** Wie macht man das? Ganz einfach. Beginne mit einem Schnellcheck ▶

1. Räume sichten/eventuell entrümpeln/ordnen ◐ MAULWURF 3-K, 8-M und 10-L.
2. Feststellen, wo danach etwas fehlt: Lampen, Spiegel, Farbakzente, Überwürfe, Polster, Fächer in Kästen, Bild, Uhr, Pflanze, Matte, Teppich und ähnliche Dinge. Schreibe eine Liste, die dir in den nächsten Tagen/Wochen ein treuer Begleiter ist, denn …

Die kreative Robbe

... zum Beispiel könntest du im Zuge deines Fitnessprogramms ◐ GÄMSE 2 TA und 5-L Floh- oder Baumärkte aufsuchen, um ein Schnäppchen für deine Wohnung zu erstehen. Du könntest auch durch Bastelgeschäfte schlendern, um Anregungen zu sammeln ◐ GÄMSE 2-TA. Anstatt Werbeaussendungen von Möbelhäusern wie bisher in den Müll zu werfen, könntest du diese durchsehen und Preisvergleiche starten. Wie gesagt, fordert dich diese Karte auf, deinem Zuhause mit wenig Geld ein paar Neuerungen zu schenken! Was kannst du zusätzlich tun? Du kannst ...

... vorhandene Gegenstände, Lampenschirme, Bilderrahmen, Figuren, Laden und Ähnliches bemalen ◐ ROBBE 1-ZM ...

... vorhandene Vorhänge, Tischtücher, Decken, Überwürfe, Handtücher ... färben ◐ MAULWURF 7-S (kochfeste Stofffarben verwenden) ...

... vorhandene Kleinmöbel restaurieren ...abschleifen, neu lackieren (ungiftigen Lack verwenden) ...

... an vorhandene Laden und/oder Kastentüren neue Beschläge montieren ◐ MAULWURF 10-L ...

... deine Zimmerpflanzen in neue, bunte Töpfe umsetzen ◐ MAULWURF 6-P...

... deine Sammlerstücke ◐ CHAMÄLEON 5-P in einer Glasvitrine unterbringen, anstatt in einer Schuhschachtel ...

... deine Vorhänge kürzen und Spitzen aufnähen ... deine Heizkörper bunt streichen (Speziallack für Heizkörper) ... deine Sitzgruppe anders formieren ... auf deinen Lampenschirm Glitzersteine nähen ... ein Fensterbrett (innen) mit winzigen Kakteentöpfchen oder Gewürzpflanzen

113

schmücken ◐ Dromedar 3-F ... ein selbst gemaltes Bild ◐ Robbe 1-ZM oder dein Erstlingswerk aus Ton oder Salzteig ◐ Robbe 3-F dort aufhängen/hinstellen, wo es auch zur Geltung kommt ... und so weiter und so fort.

7 – Schreiben

✗ Papier und Stift
✗ Schreibmaschine oder PC
✗ Bücher/Gedichtbände
✗ Internet

Diese Karte fordert dich zum Schreiben auf. Nicht nur Einkaufszettel ... sondern ▶

... Erzählungen und Geschichten aus deinem Leben

Mögliche Themen: Kindheitserlebnisse, gefährliche Situationen, Positives von Eltern und Geschwistern, der erste Job, lustige Situationen mit Tieren, Wandertage, Wintermärchen, Weihnachtsfeste ...

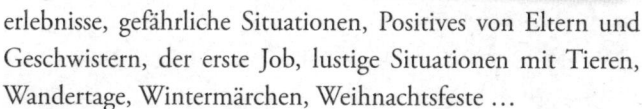

... Gedichte

zu bestimmten Anlässen, wie Geburtstag, Hochzeit, Genesung, Weihnachten, entweder aus Büchern heraussuchen oder selbst dichten ○ ROBBE 2-E und händisch auf bunte Karten schreiben, die du verschicken kannst.

... einen Rückblick/Selbstcheck ○ MAULWURF 1-S

Eine wunderbare Gelegenheit, mit deiner Vergangenheit und den daran beteiligten Personen ins Reine zu kommen. Schreibe dir alles von der Seele, das dich heute noch nervt, kränkt oder belastet. Lasse es fließen! Kümmere dich weniger um richtige Reihenfolgen oder Satzzeichen ... Konzentriere dich hauptsächlich auf den befreienden Schreibfluss.

... einen Vorausblick
Mögliche Themen: Mein größter (noch offener) Herzenswunsch. Was ich können möchte. Was ich erleben möchte. Mein idealer Partner/Meine ideale Partnerin. Was ich mir vornehme und bis (Datum einsetzen) umsetze.

... eine Zusammenfassung deiner positiven Eigenschaften, Talente und Begabungen
Beginne mit A ... und notiere so viele deiner Schokoladenseiten wie möglich ▶
anschmiegsam, abenteuerlustig, attraktiv ... bis Z ... zahm, zielstrebig, zeitlos ...
Du wirst staunen, was du bis jetzt kaum oder gar nicht an dir selbst gewürdigt hast!

... deinen ersten Zeitungsartikel
zu einem Thema, das dich interessiert. Wie oft hast du schon gedacht „Das gehört in die Zeitung!" und den Gedanken wieder verworfen? Vielleicht wolltest du einfach nur deine Meinung als Leser kundtun oder eine Kritik loswerden ... zögere nicht länger!

... eine Autobiografie ○ DROMEDAR 6-B und ○ REIHER 2-A
Eine wunderbare Gelegenheit, die Vergangenheit, so wie sie eben war, abzuschließen.

◐ Eule 2-V. Immer dann, wenn du versucht bist, ins Grübeln zu kommen ... oder nicht einschlafen kannst ... oder dir plötzlich ein Erlebnis in den Sinn kommt, das heute immer noch Spuren hinterlässt ... schreibe ein Kapitel.

... dein erstes Buch

zu einem x-beliebigen Thema. Glaube mir, du kannst das! Es kommt lediglich auf *dein inneres Feuer* zu diesem Thema an und auf deine Konsequenz, das Buch auch wirklich vollenden zu wollen.

Zusatzaufgaben:

Wer erfand wann die Schreibmaschine? ◐ Dromedar 10-G
Stenografie, was ist das? Was ist ein Kürzel? Und welche fallen dir spontan ein, die du auch schreiben kannst? ◐ Dromedar 10-G
Was ist *WORD* und welche Funktionen kennst du auswendig? ◐ Dromedar 8-C
Berühmte Schriftsteller und Nobelpreisträger für Literatur ◐ Dromedar 6-B und 10-G
Was ist eine Novelle? Eine Satire?

8 – Kleidung

✗ diverse Accessoires
✗ Papier und Stift

Diese Karte will dich ermuntern, **nicht mehr im Trend befindliche Kleidungsstücke** mit wenigen Mitteln **aufzupeppen**. Beim Umsetzen dieser Idee denke ich nicht nur an Mädchen/Frauen, sondern auch an die männlichen Kronen der Schöpfung. Das Wort „Accessoires" würde ich hier am liebsten mit „scheinbare Nebensächlichkeiten" übersetzen. Scheinbar deswegen, weil du mit wenig Aufwand erstaunliche Effekte mit solchen „Nebensächlichkeiten" erzielen kannst! Mit jeder kleinsten Verwandlung durch …

… Tücher und Schals
… neue Knöpfe
… Spitzen, Borten und Schleifen
… abgetrennte oder neu aufgenähte Krägen (je nachdem)
… Einfärben (Stofffarben)
… Bemalen (Stofffarben) ◗ Robbe 1-ZM
… Aufbügeln von Zahlen, Sprüchen oder Bildern/Fotos
… Monogramme (sticken oder aufbügeln)
… Perlen oder Broschen

siehst du deinen Erfolg und kannst dich an einer „neuen" Bluse, Jacke oder an einem neuen T-Shirt erfreuen, und zwar deswegen, weil du damit **individuelle, ganz besondere Einzelstücke** erschaffst. Stöbere auch in Second-Hand-Geschäften ◐ GÄMSE 2-TA und auf Flohmärkten nach exclusiven Schnäppchen! Markenware bekommst du dort um einen Spottpreis, allerdings musst du dir genug Zeit zum Suchen nehmen. Vielleicht findest du dort den Hut/die Kappe, den Schal, den Rock oder die Knöpfe ... die dir immer schon vorgeschwebt sind. Oder es fällt dir überraschend ein nostalgisches Kleidungsstück in deiner Lieblingsfarbe zu. Wie auch immer, bei dieser Karte geht es um deine Fantasie und um deinen Mut, aus der Menge herauszutreten und durch individuelle Bekleidung/Accessoires ein bisschen mehr also sonst aufzufallen.

Zusatzspiel „Widerstand erforschen" Spiegelgesetz-Methode®
◐ MAULWURF 1-S
Solltest du bei dieser Karte einen starken inneren Widerstand spüren ... oder Ausflüchte parat haben, wie zum Beispiel: „Zu wenig Zeit ... kann nicht nähen ... kann nicht malen ... will nicht auffallen, das gehört sich nicht ... trau mich nicht ..." usw. könntest du in den Spiegel schauen und jene lieblosen Gedanken herausfinden, mit denen du dir selbst verbietest, deinen eigenen Modetrend zu kreieren und vor anderen zu vertreten. Frage dich ▸

Was hat jemand zu erwarten/zu befürchten, der Blicke auf sich zieht?

Wer hat etwas dagegen? Und was würde in weiterer Folge passieren?

Nachdem du geantwortet hast ... verwende die provokative Frage „Na und, was macht das?" Beispielantwort: „Der/

die wird ausgelacht." „Na und? Was macht das? Was passiert dann?" Mache dir eventuell Notizen.

Wenn du auf diese Weise deine geheimsten negativen Gedanken aufstöberst, wirst du sehr bald auf den Kern deiner Ängste stoßen. Irgendwann hat dir jemand unter Androhung von Strafe verboten, deine Individualität optisch auszudrücken. Und das saß. Es war so schlimm, dass du heute noch dieselben Ängste wie damals hast. Mache dir bewusst, dass du negative Überzeugungen aufgeben kannst! Du musst nicht länger darunter leiden. Es ist dein Recht, dir jederzeit ein anderes, neues Bild von dir selbst (bei dieser Karte das Bild eines/einer kreativen „Modeschöpfers"/"Modeschöpferin") zu machen, der/die wirklich Spaß daran hat, bisweilen staunende und bewundernde Blicke auf sich zu ziehen! Schließe die Vergangenheit in diesem Punkt ab und entsorge deine Notizen ◐ EULE 2-V und 5-R, ◐ HUND 6-L.

Zusatzaufgabe „Sichten, Sortieren, Loslassen"
◐ MAULWURF 4-O **und** 10-L, ◐ HUND 6-L

Um dir die **Auswahl** der Kleidungsstücke, die du aufmöbeln möchtest, zu **erleichtern** … könntest du zum Beispiel am nächsten trüben Regentag deine Kästen durchsehen und entscheiden, was du behalten willst und was nicht. Aussortiertes Gewand bitte nicht in den Hausmüll ◐ MAULWURF 8-M, sondern entweder in den nächsten Kleidercontainer (Caritas, Grünes Kreuz, Humana) werfen, bei diversen Einrichtungen (für Obdachlose, Zuwanderer, Asylanten, Waisenkinder) abgeben ◐ GÄMSE 2-TA oder im Freundes- und Bekanntenkreis im Zuge einer kreativen „Modeschau" tauschen.

9 – Spontanparty

Eine lustige **Idee für mehrere Leute** unter dem Schlagwort „Komme, wie du bist, und bringe mit, was du hast". Bestimme **du** einen Tag/Abend, an dem du eine Spontanparty veranstalten möchtest, aber verrate das Datum keinem Gast vorher! Der Gag daran ist nämlich folgender: Deine Einladungen (telefonisch, per E-Mail, per Post oder persönlich) sollen zu unterschiedlichen Zeiten (morgens, mittags, abends, später abends) bei den Leuten ankommen, weil deine Gäste zur Spontanparty in jener Kleidung erscheinen sollen, die sie beim *Eintreffen deiner Einladung* tragen! Damit ist Lachen schon vorprogrammiert. Besonders dann, wenn du beim Austeilen der Einladungen erfinderisch ◐ ROBBE 2-E warst! Es kann durchaus sein, dass dann deine beste Freundin im kleinen Schwarzen neben Herrn XY im Bademantel sitzt oder deine Nachbarin mit Lockenwicklern eintrifft – die Einhaltung der Spielregel vorausgesetzt. Diese gilt auch für dich als Gastgeber/in, denn … du sollst genauso wie deine Gäste … **keine Extravorbereitungen** treffen! Du sollst an Dekorationsmaterial, Essbarem und Getränken nur das bieten, was du gerade im Haus hast. „Oh je .." höre ich dich seufzen, weil dein Kühlschrank meistens leer ist und du außer Kartoffeln und Margarine nichts vorzuweisen

hast. Macht nichts! Bleibe trotzdem bei der Idee dieser Karte und **vertraue** darauf, dass sich nicht nur alles zum Besten fügt … sondern dass ihr miteinander enorm viel Spaß und Freude
- CHAMÄLEON 10-F bei der Zubereitung von Speis und Trank
- ROBBE 4-K haben werdet!

Bestimmt hast du bemerkt, dass dir diese Karte einiges abverlangt: Mut für etwas Neues, Kreativität, aber auch Disziplin beim konsequenten Einhalten der Spielregel und eine Portion Vertrauen, dass deine Spontanparty zum unvergesslichen Erfolgserlebnis wird. Sträubt sich jetzt etwas in dir oder bekommst du bei dem Gedanken, die Idee der Karte umzusetzen, ein flaues Gefühl in der Magengrube, nütze die Chance zu einem Selbstcheck ◐ MAULWURF 1-S ▶
Fragen wie …

Was könnte einer Person im schlimmsten Fall passieren, die sich spontan auf Unbekanntes einlässt?
Was befürchte ich, wenn ich meinen Gästen zum Beispiel „nur" Wasser und trockene Kekse anbiete?
Was ist für mich so schlimm daran, wenn meine Party misslingt?
Wovor fürchte ich mich dann?
Wie werden Personen genannt oder beschimpft, die „schlechte" Gastgeber sind?

… können Licht in deine Gedanken bringen und dich in weiterer Folge animieren, das Wagnis einer Spontanparty einzugehen!

10 – Kreativkurse

✗ Kursprogramme
✗ Internet

Diese Karte will dein Interesse an Kreativ-Kursen insofern wecken, dass du dich **zuerst** über das vielfältige Angebot **informierst** und dich **anschließend** zu einem Kurs **anmeldest.** Jeder x-beliebige Kurs, den du besuchst, zählt zu deiner **Weiterbildung,** da du unter Anleitung von Fachkräften einiges über Farben, Formen, Stoffe, Dekoration, Schmuckherstellung, Holzverarbeitung … und vieles mehr lernen kannst. Informationen darüber, welche Kurse es gibt und wann sie zu welchem Preis stattfinden, kannst du sowohl im Internet recherchieren, wie auch im Zuge deines täglichen Kurzfitnessspazierganges ◐ GÄMSE 2-TA zur nächsten Volkshochschule oder zu einem Bastelladen. Nachfolgend nur einige von vielen Kursen, die deine Neugierde entfachen sollen ▶

Adventkalender
Adventkränze
Blumengestecke
Filzen
Granulatarbeiten

Grußkarten
Kerzen gießen
Krippen
Laternen
Laubsägen
Malen und Zeichnen
(Aquarell, Acryl, Öl, Pastell, Kohle, Akt, Portrait ...)
Möbel restaurieren
Pappartikel und Schachteln
Patchwork-Technik mit Stoffen
Porzellanmalerei
Puppen
Schmuckstücke
Serviettentechnik
Strohschmuck
Styroporbasteln
Teddybären
Traumfänger
Vergolden
Window-Color
und so weiter und so fort ...

Wenn du im Augenblick für einen Kreativ-Kurs zu knapp bei Kasse bist, behalte die Idee trotzdem im Auge! Allerlei Infos kannst du auf jeden Fall einholen und dich über deine Wunschtechnik in Bibliotheken, Lexika, Bastelläden oder im Internet (kein eigener PC, dann Internet-Café) ◐ GÄMSE 2-TA schlau machen. Ich bin davon überzeugt, dass sich Türen auftun und Wunder ereignen, wenn wir uns für eine Sache mit Leib und Seele begeistern – und deshalb kann es durchaus geschehen, dass du überraschend zu Geld kommst und deinen Wunschkurs buchen kannst.

DER ORDNUNGSLIEBENDE MAULWURF

1 – Selbstcheck

✘ Papier und Stift

Die äußere Ordnung in deiner Wohnung, in deinem Auto ... entspricht deiner inneren „Ordnung". Damit zitiere ich zwei geistige Gesetze: das Analogiegesetz und das Spiegelgesetz. Diese Karte fordert dich auf, in **deiner Geisteshaltung Ordnung zu schaffen** ... weil es immer etwas Geistiges ist ... Gedanken, Überzeugungen, Glaubenssätze, Verbote, Urteile, Meinungen ... das dementsprechende Situationen hervorruft. Sorry – aber es ist tatsächlich so, dass DU die Verantwortung für Ereignisse in deinem Leben trägst! Und deswegen halte ich einen Selbstcheck für eine wunderbare Gelegenheit, ein bisschen mehr Licht in deine gedankliche Welt zu bringen. Keine Sorge, du kannst es spielerisch auf einfache Art und Weise angehen, indem du dir ein paar Fragen stellst und deine Antworten notierst ▶

Was ist derzeit in meinem Leben *nicht* in Ordnung?
In welchem Bereich (Beruf, Partnerschaft, Familie, Geld, Freizeit, Gesundheit) stimmt es für mich nicht oder fehlt etwas?
Was genau schiebe ich schon lange vor mir her?

Welche Begründung habe ich dafür?

Wie sieht mein momentanes Selbstbild aus? Was bekrittle ich an mir? Was lehne ich ab?

An welchen Eigenschaften mangelt es mir? Und was befürchte ich, dass passiert, wenn ich diese ausleben würde?

Welchen Personen konnte ich bis heute nicht vergeben ○ Eule 2-V?

Und so weiter und so fort … Schon **allein das Beschäftigen** mit diesen und ähnlichen Fragen kann dich beim Ordnen deiner Gedanken enorm weiterbringen. Du musst nicht sofort und auf der Stelle Lösungen parat haben …! Deine ehrlichen, schonungslosen Antworten sind bereits ein Akt des Bewusstmachens, der bislang nicht gesehene Alternativen für dich sichtbar machen kann. Vertraue deiner Intuition! Es kann durchaus geschehen, dass du eines Morgens mit einer Idee aufwachst, die dir durch noch so viel Nachdenken und Grübeln nie eingefallen wäre.

Bei der Durchführung eines Selbstchecks halte ich einen **liebevollen Umgang mit dir selbst** für besonders wichtig! Du hast absolut keinen Anlass, dich wegen deiner (ehrlichen, schonungslosen …) Antworten zu kritisieren oder gar zu beschimpfen. Im Gegenteil. Belohne dich mit einem kleinen Geschenk für deinen Mut zur Aufrichtigkeit, weil du ein paar negative Gedanken aus ihrem Gefängnis befreit hast. „Selbstchecken" kann für dich zu einer kontinuierlich wachsenden Freizeitbeschäftigung werden, zu einem Prozess, der viel mit positivem Denken zu tun hat ○ Hund 1-10. Jedes Mal, wenn du einer lieblosen Überzeugung, einem negativen Urteil, einem falschen Glaubenssatz, einem Verbot … auf der Spur warst, deine Gedanken formulieren konntest … diese als DEINE ein letztes Mal akzeptiert hast … und sie schlussendlich mit einem Dankeschön ◑ EULE 5-R aufgegeben hast … kannst du dich auf neue, liebevolle, positive Gedanken einstimmen. Wenn du mehr über die vier Schritte der Spiegelgesetz-Methode® erfahren willst, empfehle ich dir mein *Buch „Die Spiegelgesetz-Methode® – Praktischer Wegweiser in die Freiheit"*. Auch als Hörbuch-CD und in englischer Übersetzung *„Looking into the mirror – The Reflection Method"* erhältlich.

2 – Menschen

✗ Papier und Stift

Die Karte fordert dich auf, einen beherzten Blick auf die **Menschen in deiner Umgebung** zu werfen. Du bist also aufgerufen, deine **derzeitigen Beziehungen** sowohl in positiver Hinsicht zu beleuchten, wie auch deren „Schattenseiten" aufzudecken. Zuerst kommt die ▶

Namensliste
Notiere die Vornamen von Familienangehörigen, Freunden, Nachbarn, Kollegen/Kolleginnen, Internetbekanntschaften und Bekannten im Allgemeinen. Dann folgt die ▶

Positiv-Liste
Rufe dir sämtliche positive Eigenschaften für alle Personen auf deiner Namensliste ins Gedächtnis und schreibe sie dazu. Sind Wesenszüge darunter, die dir besonders gut gefallen ... du aber glaubst, sie nicht zu besitzen ... könntest du als

  Zusatzspiel
  in den „Spiegel" schauen und die Hindernisse in deinen Gedanken erforschen ... indem du dir verschiedene Hilfefragen stellst, zum Beispiel: „Was hätten Männer/Frauen

zu erwarten oder zu befürchten, die DIESE Eigenschaft in ihrem Leben voll zur Geltung bringen?" „Wer verbietet mir diesen Wesenszug?" „Wem gehorche ich (immer noch), anstatt auf mich selbst zu hören?" „Wie werden Personen genannt/beschimpft, die aufgrund dieser Eigenschaft im Mittelpunkt des Interesses stehen?" Deine Antworten werden dir rasch auf die Sprünge helfen! Jede Eigenschaft, die dir positiv an anderen Personen auffällt … ist nämlich auch eine Eigenschaft von DIR – nur hast du sie bis jetzt zu wenig gewürdigt oder gar nicht beachtet. Danke ○ EULE 4-D den betreffenden Personen, dass sie deine Spiegelbilder sind, damit du geniale, wunderbare Eigenschaften und Verhaltensweisen an dir selbst wahrnimmst, anstatt sie (noch länger) unter den Scheffel zu stellen. Dann folgt die ▶

Negativ-Liste
Hier geht es um schonungslose Ehrlichkeit dir selbst gegenüber. Du brauchst diese Liste niemandem vorzulegen, bist keiner Person zur Rechenschaft darüber verpflichtet, außer dir selbst. Scheinbar negative, unmögliche, widerwärtige, lästige … Eigenschaften anderer Menschen aufzulisten, gehört nicht nur zu einem Selbstcheck ○ MAULWURF 1-S, sondern ist gleichzeitig ein Befreiungsakt in eigener Mission. Mit einem Wort tust du dir etwas Gutes, wenn du deinen Ärger über dieses oder jenes Verhalten von XY offen und ehrlich herauslässt. Du kannst das auch „Frei-Schreiben" ○ ROBBE 7-S nennen. Für wichtig halte ich, dass du nichts beschönigst. Notiere wirklich *nur die* (ekeligen, kränkenden, widerlichen …) Wor-

te/Eigenschaften, die dir spontan in den Sinn kommen, wenn du jetzt an XY denkst. Danke deinen menschlichen Spiegelbildern auch dafür. Warum? Weil du in **scheinbar negativen** Verhaltensweisen eine (Liebes-)Botschaft für dich selbst finden kannst – deine Bereitschaft vorausgesetzt. Ein Beispiel:

Mario ist egoistisch. Er greift als Erster zum gefüllten Teller am Buffet, kommt und geht, wann er will. Kompromisse kennt Mario nicht, er lässt nur seine Ansichten gelten. Er erfüllt sich einen Jugendtraum und kauft ein Motorrad, obwohl im Bad neue Fliesen fällig wären ... und so weiter.

Anhand der Fragen: „Was kann Mario so besonders gut? Welches Talent besitzt er wirklich? Welche Gabe versteckt sich in Marios Egoismus?" und durch Verwandeln des Wortes „Egoismus" in den positiven Kern kommst du deinem „Geschenk" nahe. Möglichkeiten in diesem Beispiel: *Erfüllt sich seine Bedürfnisse, ist willensstark und lebt nach seiner eigenen inneren Uhr.*

Wenn du möchtest, kannst du mit sämtlichen Eigenschaften auf deiner Negativ-Liste so verfahren. Am besten kommst du voran, wenn du das Ganze als **Wortverwandlungsspiel** betrachtest, das auch **für eine größere Runde** geeignet ist ○ CHAMÄLEON 2-K und 10-F.

Zur Ordnung in deinen zwischenmenschlichen Beziehungen gehören möglicherweise auch ein paar **Telefonate**, die du führen könntest ... der eine oder andere **Brief** ○ EULE 9-B ... eine **Aussprache** mit Herrn oder Frau XY ○ EULE 2-V... oder eine **Einladung** ○ ROBBE 4-K und ○ ROBBE 9-SP.

3 – Küche

✗ Putzmittel und -lappen
✗ Papier und Stift

Nach dem Gesetz der analogen Entsprechungen steht die „Küche" für „Wünsche und Wunscherfüllung" – das habe ich vor längerer Zeit in einem geliehenen Buch gelesen. Sorry, der Titel ist mir entfallen. Die **Ordnung** (oder Unordnung) in deiner Küche hat demnach **mit deinen Wünschen und Zielen** zu tun. Mit anderen Worten ausgedrückt, kannst du vom momentanen Zustand deiner Küche einen analogen Rückschluss ziehen, der einiges über dich, über deine Wünsche und über deren Erfüllung aussagt. Die Karte fordert dich liebevoll auf, Ordnung in deiner Küche zu schaffen – und damit gleichzeitig für die Erfüllung deiner Wünsche zu sorgen! „Tja, womit soll ich bloß anfangen? Bin desorientiert … das lohnt sich also nicht …" höre ich deine hochkommenden Zweifel. Schluss damit. Du kannst alles, wenn du wirklich willst. Du **kannst** deinen inneren Faulpelz besiegen, deine Verzögerungstaktik oder deine Unlust. Am besten gehst du **anhand einer Liste systematisch** vor, entweder **von A–Z** (von Abwasch, Besteck … bis Zuckerdosen) oder **nach Bereichen** ▶

Abwasch, Geschirrspüler (reinigen)

Kühlschrank/Tiefkühlfach (ausräumen, Ablaufdaten beachten, abtauen, reinigen)

Oberschränke (Inhalte durchsehen, aussortieren, reinigen)

Unterschränke (wie oben)

Laden (Inhalte ausräumen, sortieren, ausmisten, reinigen)

Fliesen (Wand und/oder Boden reinigen)

Lampen und Luster (reinigen, evtl. austauschen oder neu gestalten) ◐ Robbe 6-W

Fenster und Vorhänge (putzen, waschen, schmücken) ◐ Robbe 6-W

Besonders dann, wenn du dich als Chaotin/Chaoten beschreibst, kann dir ein solches System überaus behilflich sein. Noch etwas, das mir wichtig erscheint: Du musst mit der Ordnung in deiner Küche nicht an einem Tag fertig sein! Niemand schreibt dir vor, wie viel Zeit du dafür brauchst. Eines Tages wirst du mit freudigem Staunen feststellen, was du vollbracht hast. Bitte belohne dich dafür, sei stolz auf dich und sei dir gewiss, dass du mit der Erfüllung deiner schönsten Träume einen großen Schritt vorwärts gekommen bist! Nein ... du brauchst nicht zu wissen, wie das funktioniert. Du kannst deine Herzenswünsche getrost jener höheren Intelligenz überlassen, die wir Gott nennen. Umso mehr, weil du das „Deine" dazu beigetragen hast ...!

4 – Outfit

✗ Papier und Stift

Das, was du aus deiner äußeren Erscheinung machst, nennt man kurzerhand „Outfit". Dabei geht es um einen bestimmten Eindruck, den du vorrangig bei dir selbst und natürlich auch bei anderen Personen hinterlässt. Diese Karte möchte dich wachrütteln, wirklich **DEN Eindruck zum sichtbaren Ausdruck zu bringen,** der dir tatsächlich entspricht! Wenn du diese Idee umsetzt, kann es durchaus sein, dass du gegen den aktuellen Modetrend schwimmen musst ... dass du eine andere Frisur brauchst ... dass du vorhandene Kleidungsstücke verwandeln/verschönern/kürzen oder verlängern musst ... dass du ein paar Shirts oder Tücher kaufen gehst ... auch Modeschmuck ... oder anderes Schuhwerk. Mit einem Wort bist du aufgefordert, dein Outfit in eine dir entsprechende Ordnung/Unordnung zu bringen, je nachdem, wohin du in deinem Innersten tendierst. „Wozu soll das gut sein?", höre ich dich fragen. Mögliche Antworten:

Weil es ein Ehrlichkeitsbekenntnis dir selbst gegenüber ist.
Weil du damit Unabhängigkeit und deinen freien Willen beweist.

Weil du alles darfst, was dir gefällt. Die Konsequenzen trägst ohnehin du.
Weil es Abwechslung in dein Leben bringt.
Weil du damit althergebrachte Glaubenssätze besiegen kannst, wie zum Beispiel:

„Rot und orange passen nicht zusammen."
„Langes Haar ist nur etwas für Junge."
„Grau melierte Schläfen sind sexy."
„Cowboyhüte gehören auf eine Ranch, nicht in die Stadt."
„Schmuck ist nichts für richtige Männer."
„Ab sechzig nur noch dezente Farben!"

Und so weiter und so fort.

Das Gesetz der Analogie „Wie innen, so außen" und das Spiegelgesetz „Mein Outfit spiegelt **MICH** (niemand anderen!)" mögen dir den nötigen Impuls zur Verwirklichung schenken! Vielleicht möchtest du einen Selbstcheck ○ Maulwurf 1-S durchführen, bevor du dein derzeitiges Outfit unter die Lupe nimmst. Fragen wie ▶

Worauf lege **ICH** bei …
   … meiner Frisur
   … meinen Mänteln, Jacken, Pullovern, Blusen, Hemden
   … meinen Gürteln, Hüten, Tüchern, Schals
   … meinen Schuhen, Taschen
   … meiner Unterwäsche
   … meinem Schuck

den größten Wert? Welche Rolle spielt für **MICH** der Preis, die Farbe, die Marke?

Bevorzuge **ICH** eher das Praktische, das Verspielte oder das Modische? Was genau wollte ich immer schon tragen (und habe es bis heute nicht gemacht …)? Zähle ich mich eher zu den sportlichen, konservativen, verrückten oder eleganten Typen?

Spiele eine Weile mit diesen Fragen, bis sich dein **ganz persönliches Ideal-Outfit** herauskristallisiert. Mache dir ein paar Notizen, eventuell eine Skizze ◐ Robbe 1-ZM und schreite zur Tat. Bestimmt hast du einiges auszusortieren ◐ Maulwurf 8-M und in weiterer Folge zu ergänzen oder zu verschönern ◐ Robbe 8-K.

Zusatzspiel „Präsentation" ◐ Chamäleon 2-K **und** 10-F
Jetzt geht es darum, dein individuell gestaltetes, ganz persönliches Outfit zu präsentieren. Vielleicht möchtest du Freunde, Bekannte, Nachbarn … zu einer kleinen Party einladen? Ebenso könntest du ein Lokal vorschlagen oder einen gemeinsamen Bummel – wie immer es dir beliebt!
Oder …
ziehst du es vor, im neuen Outfit alleine unterwegs zu sein ◐ Gämse 2-TA? Zur nächsten Buchhandlung oder Bibliothek ◐ Dromedar 1-10 … in ein Internet-Café ◐ Dromedar 8-C … oder einfach so im Wohnbezirk ◐ Dromedar 5-W.

5 – Bücher

✗ Internet

Die Karte will dich zur Ordnung in deinen Bücherregalen motivieren (Zeitungen und Zeitschriften inbegriffen). Du sollst dir einen **Überblick verschaffen** und ein **System einbringen**. Daraus ergibt sich jene Übersichtlichkeit, die du vielleicht immer schon angestrebt hast.

Beginne mit dem **Aussortieren** jener Bücher, die du nicht mehr brauchst. Entweder in den Papiercontainer damit, am Flohmarkt verkaufen oder einem Flohmarkt spenden oder einer karitativen Organisation überlassen (Obdachlosenprojekte, Seniorenheime, Kinderheime, Spitäler etc.) ⬤ GÄMSE 2-TA. Es kann aber auch Spaß bereiten, wenn du Freunde und/oder Bekannte zum Büchertausch einlädst ⬤ CHAMÄLEON 2-K.

Gehe dann systematisch vor und **ordne** deine Bücher gemächlich ⬤ EULE 1-M entweder **nach Inhalten** (Sachbücher, Romane, Gedichtbände, Fantasy etc.) oder **nach Autoren** (von A–Z) in die gereinigten Schränke ein. Dabei können sich überraschende Fragen bemerkbar machen, wie zum Beispiel:

„Welches Buch fehlt in der Sammlung meines Lieblingsautors?"
„Welche Bücher habe ich verborgt (wann und an wen)?"
„Welches Buch wollte ich mir schon immer kaufen (tat es aber nicht, weil es teuer ist)?"
„Was weiß ich vom Leben meines Favoritenautors?" ⊙ Dromedar 6-B
„Welche Bücher stehen zurzeit auf der Bestsellerliste?" ⊙ Dromedar 8-C
… und so weiter und so fort.

6 – Pflanzen

- ✗ Erde
- ✗ Dünger
- ✗ Blumentöpfe
- ✗ Übertöpfe
- ✗ Kleine Schaufel
- ✗ Schere
- ✗ Internet

Die Karte bittet dich, einen liebevollen Blick auf deine Zimmerpflanzen zu werfen. „Kraut und Rüben" sind eher etwas zum Essen. Im Sinne einer gewissen Ordnung, die deine pflanzlichen Mitbewohner betrifft, haben sie bitte nichts verloren. Pflanzen sind Lebewesen und deswegen verdienen sie Pflege und Fürsorge.

Du kannst deine Zimmerpflanzen ▶
- mit lauwarmem Wasser abbrausen
- umtopfen
- düngen
- von trockenen Blättern befreien
- zurückschneiden

Du kannst je nach Pflanze ▶
- Ableger schneiden, die in einem Wasserglas Wurzeln bekommen

- Bodentriebe in separate Töpfe setzen
- zwei, drei verschiedene Pflanzen miteinander in einen großen Topf setzen

Du könntest auch ▶
- neue Übertöpfe kaufen
- gebrauchte Tontöpfe reinigen, bemalen und lackieren ◐ ROBBE 1-ZM
- mehr Licht für die Pflanzen schaffen (Fensternähe oder Sparlampe/Spot)
- ein Blumenregal besorgen oder basteln ◐ ROBBE 6-W
- in einen Blumenladen spazieren ◐ GÄMSE 2-TA, Tipps einholen und
- eventuell deine Zimmerpflanzenfamilie mit einem „Neuzugang" ergänzen
- überlegen, welche Pflanze/n in deiner Wohnung nicht wirklich gedeihen. Frage in der Nachbarschaft oder im Freundes-/Bekanntenkreis, wer in diesem Fall dein/e Sorgenkind/er übernehmen möchte.

Natürlich ist es so, dass du nicht alle deine Pflanzen in gleicher Weise behandeln (umtopfen, düngen, schneiden ...) wirst können. Bitte informiere dich daher in Büchern oder im Internet über die „Eigenheiten" deiner Pflanzen ◐ DROMEDAR 3-F, bevor du dich ans Werk machst. Wie bei allen Lebewesen gibt es auch im Pflanzenreich Robuste und Sensible ... Wasser liebende und Wasserscheue ... rasch Wachsende und „Spätzünder" ... Sonnenanbeter und Schattensuchende ... und so weiter und so fort.

Zusatzspiel „Analogie mit einer Pflanze"
(Gruppenspiel ○ CHAMÄLEON **2-K und 10-F)**

Diese aussagekräftige, lustige Spielerei erfordert eine Portion Einfühlungsvermögen, eine Prise Humor und Kommunikationsbereitschaft. Die Aufgabe besteht darin, die anwesenden Spieler/innen in analoger Entsprechung einer Pflanze/Blume zuzuordnen.

Die entscheidende Frage lautet nicht ▶ „Welche Pflanze/Blume passt zu XY?", sondern ▶ „Welche Pflanze, welcher Baum, welche Blume ist XY?" Merkst du den feinen Unterschied? Ihr sollt das Wesen/den Charakter von XY einer Pflanze zuordnen, die ein ähnliches „Wesen" besitzt. Vielleicht hilft ein falsches Beispiel auf die Sprünge:

XY wird als direkt, lautstark, dominant und herrschsüchtig beschrieben. Auf keinen Fall könnte man dem Herrn eine Zimmertanne oder eine Orchidee zuordnen ... nicht wahr?

Die Aufgabe ist erst dann gelöst, wenn sich **alle** anwesenden Spieler/innen über die passende Pflanze für XY **einig sind!**

7 – Stoffe

✗ Schere/Nähzeug
✗ evtl. Stofffarben
✗ Perlen
✗ Aufbügelmotive
✗ Teppichschaum

Diese Karte richtet sich an die Stoffe in deiner Behausung. Damit sind nicht nur Vorhänge, Seitenteile, Schabracken, Bettüberwürfe, Schonbezüge, Sesselauflagen oder Wandteppiche gemeint ... sondern auch Tischtücher, Handtücher, Badetücher, Küchentücher und Bettzeug.
Mit einem Wort fordert dich die Karte auf, eine gewisse Ordnung in diesen Bereichen herzustellen und je nach Bedarf **Teile auszusortieren** und/oder zu **ergänzen** und/oder zu **verschönern**.

Am einfachsten gehst du nach einem System vor. Entweder nach „Zimmern/Räumen" oder nach „Begriffen". Gefällt dir die *erste Variante* besser, könntest du zum Beispiel mit dem **Wohnzimmer** anfangen und **alles Stoffliche** in diesem Raum durchchecken. Von deinen (wahrscheinlich schon lange dort hängenden) Vorhängen, Seitenteilen ... über Schonbezüge auf Bettbank und Sesseln ... bis hin zu Polsterüberzügen ... sowie Wand- und Bodenteppichen.

Du könntest nach diesem Check ▶
- Teile, die dir nicht mehr gefallen, aussortieren.
- die anderen Teile waschen, putzen, bügeln.
- Teile verschönern, mit Stofffarben bemalen. ○ ROBBE 1-ZM
- Perlen, Spitzen oder Borten aufnähen.
- Motive aufbügeln.
- vorhandene Teppiche schäumen und absaugen.
- die aussortierten Teile im Zuge eines Spaziergangs ○ GÄMSE 2-TA zu einer Sammelstelle bringen.
- aus übrig gebliebenen Stoffen (Vorhänge, Überzüge etc.) ein Faschingskostüm erfinden ○ ROBBE 2-E und dich gelegentlich ans Werk machen.

Bist du mit dem Wohnzimmer fertig, kommen Küche, Schlafzimmer, Kinderzimmer, Bad, Nebenräume dran. Bitte keine Eile damit. Lasse dir für die Umsetzung dieser Karte genüsslich Zeit, damit dein Spaß daran erhalten bleibt! Das gemächliche Aussortieren verschiedenster Dinge halte ich einerseits für eine überaus meditative Tätigkeit ○ EULE 1-M und andererseits für eine gute Übung, sollte dir das Loslassen im Allgemeinen ○ HUND 6-L eher schwerfallen.

Bei der *zweiten Variante* richtest du dich nach dem Begriff, zum Beispiel: *Vorhänge*.
Erst dann, bis du **alle Vorhänge** in **allen Räumen** deiner Wohnung durchgecheckt, aussortiert, gereinigt oder verschönert hast, wählst du den nächsten Begriff, zum Beispiel: *Überzüge* (Zierpolster, Bettzeug, Matratzenschoner, Leintücher usw.), *Decken* (Kuschel- und Zierdecken, Hundedecke, Bettüberwurf, Tischdecken, Stoffservietten usw.), *Teppiche* aller Art, *Frotteezeug* usw.

Es kann sein, dass dir Fragen in den Sinn kommen, die durchaus Sinn haben! Vielleicht gefiel dir früher die Farbe Blau sehr gut, doch mittlerweile hast du dich längst daran sattgesehen … oder du stellst fest, dass dich bestimmte Farben oder auch Muster deiner Vorhänge, Polster, Teppiche, Tischwäsche, Handtücher … traurig stimmen oder müde machen … dann betrachte bitte diese Karte als sanfte Aufforderung, Ordnung zu schaffen und das eine oder andere Stück „Stoff" auszutauschen. Ein Tipp: Nicht mehr verwendete Handtücher eignen sich hervorragend als Putzlappen.

8 – Müll

- ✗ Schachteln/Boxen
- ✗ Taschen
- ✗ Stifte/Farben
- ✗ Lack
- ✗ Plastikkübel
- ✗ Internet

Die Karte möchte dich ermuntern, das Schlagwort „Mülltrennung" nicht nur im Ohr zu haben. Du sollst dich dafür stark machen, wenn es deinen **eigenen Hausmüll** betrifft. Vielleicht bist du bis jetzt mit leeren Flaschen, Papier und Pappe, Metall/Alu oder mit Gemüse- und Obstabfällen großzügig umgegangen, indem du sie allesamt als „Hausmüll" entsorgt hast? Jetzt hast du die Gelegenheit, kreativ damit umzugehen und erfinderisch ⊙ ROBBE 2-E zu werden! Ich hörte schon öfters Einwände, wie zum Beispiel: „Wohin mit den ganzen Boxen und Behältern? Den Platz dafür habe ich nicht!" Wenn das auch bei dir zutrifft, bist du liebevoll aufgerufen, Platz für die Mülltrennung (Abstellraum, WC, Balkonecke, Küchenecke, Keller …) zu schaffen ⊙ ROBBE 6-W. Du leistest damit einen wertvollen Beitrag zur Umweltschonung! Sind die einzelnen Behälter voll, bringst du sie im Zuge eines Mini-Fitness-Programms ⊙ GÄMSE 2-TA und 5-L zur nächsten Sammelstelle.

Glas/Flaschen
Vielleicht besitzt du eine nicht mehr gebrauchte Reisetasche oder einen Rucksack für deinen Glasmüll. Lässt sich bequem umhängen und entleeren.

Papier/Pappe
Dafür eignet sich eine große Papiertasche. So kannst du dein Altpapier mitsamt der Tasche in den entsprechenden Container werfen.

Metall/Alu/Plastik
Auch dafür empfehle ich eine Umhängetasche oder einen Rucksack.

Gemüse/Obst
Dafür benötigst du einen (kleinen) Plastikkübel, der durchaus zum Schmuckstück in der Küche oder einer Vorzimmerecke werden kann, wenn du ihn verschönerst oder beschriftest ○ ROBBE 1-ZM (Acrylfarben und farblosen Sprühlack darüber).

Ich persönlich bevorzuge **kleinere** Mülltrennungsbehälter, weil sie **leichter zu tragen** sind, weil sie **wenig Platz** beanspruchen und weil sie mich ein-, zwei-, dreimal pro Woche zu einem zusätzlichen **kleinen Bewegungsprogramm** auffordern. Nicht alle großen Container befinden sich gleich um die Ecke!
Nicht mehr gebrauchte ▸
  Farben/Lacke
  brennbare Flüssigkeiten
  Öle

Medikamente
und sämtliche Giftstoffe
gehören zur Kategorie **Sondermüll**. Adressen von Sondermüll-Sammelstellen (oft bei Märkten) findest du im Internet ◐ Dromedar 8-C, in Bezirkszeitungen, beim Magistrat oder am Marktamt ◐ Gämse 2-TA.

Was tun mit größeren Abfällen, die allgemein als **Sperrmüll** bezeichnet werden, wie zum Beispiel … Eiskästen, Waschmaschinen, Möbelstücken, Autoreifen und Ähnlichem? Dafür gibt es spezielle Deponien, wo du deinen Großmüll entsorgen kannst. Adressen via Internet ◐ Dromedar 8-C erforschen oder beim Bezirksmagistrat ◐ Chamäleon 2-K erfragen. Sehr große Stücke kannst du auch gegen Gebühr abholen lassen. Manche Gemeinden bestimmen ein-, zweimal pro Jahr Sperrmülltage inclusive Abholung, wo man alles „Sperrige" vor der eigenen Haustür deponieren kann. Oder ziehst du es vor, deinen Sperrmüll lieber auf einem Flohmarkt zu verkaufen ◐ Chamäleon 2-K? Oder wagst du ganz etwas Neues, indem du nicht mehr gebrauchte Kleinmöbel restaurierst … indem du sie abschleifst, lackierst oder bemalst ◐ Robbe 1-ZM und damit zu neuem Glanz erweckst ◐ Robbe 6-W?

9 – Fotos, CD, DVD, Video

✗ Klarsichthüllen
✗ Mappen
✗ Papier/Karton und Stifte

Foto- und ähnliche Sammlungen, die wie auch im Titel der Karte unter diese Rubrik fallen, entpuppen sich oft als Eldorado für wachsende Unordnung. Du bist hiermit aufgerufen, in deine Foto-, Audio- und Videosammlungen **ein bisschen Struktur** – bestenfalls ein übersichtliches, **individuelles** (DEINES!) **System** – einzubringen. Wie schon öfter in diesem Spiel sollst du deinen inneren Erfinder ◯ Robbe 2-E aufwecken! Du musst absolut nicht ins nächste Geschäft rennen, um irgendwelche Alben, CD-Ständer oder andere entsprechende Boxen zu kaufen … sondern du könntest zunächst einmal checken ◯ Robbe 6-W, welche dafür brauchbaren Dinge (Mappen und Klarsichthüllen für Fotos, Schachteln, Boxen oder Kleinregale für deine CD-Sammlung, eine leere Lade ◯ Maulwurf 10-L für deine Videos) du im Haus hast. Werde kreativ! Indem du verschiedenes Kleinzeug aus diversen Behältern entfernst und entsorgst, schaffst du Platz. Du wirst staunen, **wie viel** Platz du vordem unnötig für Krimskrams verschwendet hast.

Der ordnungsliebende Maulwurf

Fotos ○ Robbe 5-F

Du musst **nicht alle** Fotos von früher aufheben, niemand schreibt dir das vor. Sortiere aus ○ Eule 1-M. Bevor du dann nicht mehr gewollte Fotos entsorgst ○ Hund 6-L, bedanke dich ○ Eule 4-D. Bringe dann die übrigen Fotos in eine chronologische Ordnung, beschrifte sie nach Lust und Laune mit bunten Stiften, verwahre sie in Klarsichthüllen in einer Mappe oder klebe sie in ein neues Fotoalbum, das du bei Gelegenheit deinen Freunden und/oder Bekannten präsentieren könntest ○ Chamäleon 2-K.

CDs

Dazu eigenen sich verschiedene Behälter. Vorzugsweise solche, die den Titel, ohne viel suchen zu müssen, erkennen lassen (Regale, Schachteln oder Boxen ohne oder mit durchsichtigem Deckel, herkömmliche CD-Ständer ... die du auch billig auf Flohmärkten oder in der Sperrmüllsammlung ○ Maulwurf 8-M finden kannst). Ordne deine CDs entweder nach Interpreten (A–Z) oder nach dem Sound/Inhalt (deutsche Schlager, Pop/Rock, Blues, Klassik ...).

DVDs

Am besten bringst du deine DVD-Sammlung in der Nähe deines DVD-Players unter ○ Maulwurf 10-L. Die Ordnung nach Titeln von A–Z wird die Auswahl erleichtern.

Videos ...

... scheinen allmählich aus der Mode zu kommen. Die Entwicklung neuer Technologien schreitet unaufhörlich voran.

Trotzdem kann es sein, dass du an deinen (alten) Videos hängst. Umso mehr verdienen sie einen würdigen Platz in deiner Wohnung, nicht wahr? Wie oben, wäre dein erster Schritt das Aussortieren nicht mehr gebrauchter Filme ◐ MAULWURF 8-M /Sondermüll. Danach ordne die Videos entweder nach Titeln von A–Z oder erfinde **ein individuelles Ordnungssystem,** zum Beispiel **deine** liebsten ▶ *Blockbuster – Krimis – Liebesgeschichten – Schocker – Abenteuerfilme – Dokumentationen* … indem du „Noten" von 1 (sehr gut) bis 5 (gerade noch) für dich sichtbar auf die Hüllen schreibst. Ordne danach die Videos *nach Themen* und *innerhalb der Themen nach Noten* in ein Regal, in eine Lade, in eine Schachtel/einen hübschen Behälter nahe des Fernsehers.

10 – Laden

Die Karte ermuntert dich freundlich zu einem „Ladencheck". Nicht nur die Bestecklade in der Küche ist gemeint … sondern **sämtliche Laden** in **allen Räumen** deiner Wohnung sind betroffen. Nach meiner Erfahrung sind Laden jene kleinen Teufelchen, die uns zur nicht gewollten Unordnung mit dem Titel „Aus den Augen, aus dem Sinn" regelrecht herausfordern, weil es halt so einfach ist … Gummiringe, Rechnungen, Kleingeld, Zahnstocher, Briefe und Postwurfsendungen, Flaschenöffner, Bedienungsanleitungen, Putzlappen, Geschenkpapier und -bänder … und so weiter und so fort wahllos in eine x-beliebige Lade zu werfen. Mit der Zeit wächst aber das Durcheinander in deiner Ladenfamilie und es wird zusehends schwieriger, gezielt und rasch etwas Bestimmtes zu finden. Deshalb lohnt es sich aus folgenden Gründen ▶

1. *Zeitersparnis* (Wühlen und Kramen in diversen Laden entfällt, weil du rasch fündig wirst)
2. *Loslassen* (Aussortieren und Verabschieden diverser Gegenstände aus deinen Laden ist eine wunderbare Übung zum Thema „Loslassen" ○ HUND 6-L)
3. *Platz gewinnen* (du wirst staunen, wie viele Laden plötzlich ganz leer sind, wenn du dich bewusst ans Werk machst)

4. *Fundstücke* (brauchbare Gegenstände aus deinen Laden entweder verschenken (Tauschparty mit Freunden ◑ CHAMÄLEON 2-K), am Flohmarkt verkaufen oder incl. Mülltrennung ◑ MAULWURF 8-M mit einem Dankeschön ◑ EULE 4-D entsorgen.

wenn du die Idee dieser Karte mit Freude umsetzt.

Entscheide danach, **welche Lade ab sofort für welchen Inhalt** in Frage kommt und halte dich bitte in Hinkunft daran! Belohne dich nach getaner Arbeit für dein Ladenengagement mit einem Stadtbummel … mit einem Essen in deinem Lieblingslokal … mit einem Spaziergang durch den Wald oder zu einem Teich ◑ GÄMSE 1-W … oder vielleicht sogar mit einem Kurzurlaub ◑ CHAMÄLEON 8-U.

DER POSITIV DENKENDE HUND

1 – Talente

✗ Papier und Stift

Diese Karte möchte dich wachrütteln, was deine Talente betrifft. Mir fällt immer wieder auf, dass die meisten Menschen eher ihre Schwachpunkte aufzählen können als ihre Talente und Begabungen. Ich denke schon lange nicht mehr, dass „Bescheidenheit eine Zier" ist, sondern dass wir unsere Talente – unsere Gottesgaben! – würdigen und verwenden sollen. Es kann sein, dass du unter „Talent" etwas Großes, Außergewöhnliches verstehst ... und dies der Grund dafür ist, dass dir kaum etwas einfällt. Deine Talente und Begabungen verbergen sich manchmal hinter ganz gewöhnlichen Selbstverständlichkeiten! Damit meine ich zum Beispiel ... telefonieren/Kontakte herstellen, Übersicht bewahren können, Hausmittel kennen, jemanden anlächeln, zwei oder drei Dinge zugleich erledigen, Zahlen merken, wetterunabhängig sein ... und so weiter und so fort. Es **muss nichts** Phänomenales sein, das zum Thema der Karte passt! Denke an deine Kindheit. Was konntest du schon als Kleinkind, als Schulkind sehr gut? Was fiel dir immer schon leicht? Solche und ähnliche Fragen helfen dir, Talente aufzuspüren. Kurzum sollst du eine **ganz persönliche Talente-Liste** erstellen, und zwar von A–Z. Beispiel:

anpassungsfähig, achtsam …

bereit für Neues, bildungswillig … bis

zärtlich, zäh …

Richte dein Augenmerk auf deine vielen positiven Eigenschaften, die ja allesamt Talente sind! Ergänze deine Notizen laufend. Du wirst staunen, was alles zum Vorschein kommt, das du an dir bis jetzt kaum beachtet und zu wenig gewürdigt hast. Schließe deine Liste mit einem Begeisterungssatz und einem Danke, zum Beispiel ▸

Super, was ich habe und kann! Danke.
Ich bin stolz auf mich! Danke.

Zusatzspiel „Fremsprache" ◐ Dromedar 4-F

Wenn du dein Schulenglisch oder eine andere Fremdsprache auffrischen möchtest, übersetze deine Talente-Liste gelegentlich. Damit frischst du Vokabeln auf und kannst dich tagtäglich an zwei oder gar mehreren Talente-Listen erfreuen, die dein Selbstwertgefühl emporheben!

Talente-Listen eigenen sich auch als **Wortspiel** ◐ Reiher 3-W **für die Freundesrunde,** ◐ Chamäleon 2-K und 10-F, indem jeder von euch eine Begabung/ein Talent/eine positive Eigenschaft mit A ausspricht, dann mit B … bis Z. Es darf gelacht werden!

2 – Gedankenhygiene

Positiv denken hat sehr viel mit Disziplin zu tun. Abertausende Gedanken beschäftigen unseren Geist täglich, ob sie uns bewusst sind oder nicht. Die Karte fordert dich zur **konsequenten Gedankenhygiene und Gedankendisziplin** auf. Warum? Weil alles Geistige, positiv oder „negativ", die Tendenz besitzt, sich als dementsprechendes Ereignis zu verwirklichen. Es kann daher für dich nur von Vorteil sein, wenn du dich auf das Thema der Karte mit einer Portion Neugier und einem Schuss frischen Mutes einlässt.

Gedankenhygiene: ◐ MAULWURF 1-S
Bevor du **abends** einschläfst, blicke auf den heutigen Tag zurück. Du lässt ihn einfach in Bildern noch einmal vorüberziehen. Bedanke dich ◐ EULE 4-D für alles Schöne und Angenehme. Gab es etwas Unangenehmes, schau genauer hin und lasse dich noch einmal **auf dich** und die Szene ein. Sieh **dich** agieren … oder nicht agieren (je nachdem) … Mache dir bewusst, dass du jetzt **am Ende des Tages die freie Wahl** hast, ein **anderes Bild** von diesem Ereignis mit in den Schlaf zu nehmen – und damit eine negative „Programmierung" verhindern kannst. Stell dir einfach vor, dass du in besagter Szene ein Verhalten zeigst, das dir gefällt! Wichtig dabei ist, betei-

ligte Personen so zu belassen, wie sie waren. Ändern kannst **nur du** dich – die anderen dürfen sein, wie sie sind! Wenn du dir Gedankenhygiene (=Rückschau auf den Tag) zur lieben Gewohnheit machst, tust du dir selbst etwas Gutes. Zum einen weckst du dein Vorstellungsvermögen, was dein eigenes Verhalten betrifft, und zum anderen sorgst du für neue, positive Gedankenstrukturen, die sich wie von selbst einprägen, während du schläfst.

Gedankendisziplin:
Hierbei geht es darum, **tagsüber** auftauchende trübe Gedanken ... bewusst wahrzunehmen und weiterziehen zu lassen. Klingt einfach, nicht wahr? Nach meiner Erfahrung ist es häufig so, dass wir unsere negativen Gedanken kaum mitbekommen, sie beschönigen oder unter den Teppich kehren. Wir sind es gewohnt, negativ zu denken – und Gewohnheiten sind etwas Vertrautes, das wir behalten wollen ... Das muss aber keineswegs so bleiben. Wann immer du eine Verstimmtheit oder Unzufriedenheit an dir feststellst, wenn plötzlich Ängste oder Befürchtungen auftauchen oder wenn du ein flaues Gefühl in der Magengrube bekommst ... denkst du negativ – und zwar genau in diesem Moment! Den entsprechenden Gedanken zu orten, kann dann kein Kunststück mehr sein. Nicht deine Verstimmungen sind es, die für deinen Zustand verantwortlich sind, sondern deine negativen Gedanken sind es. Beispiel:
XY fährt auf der Autobahn fröhlich dahin, als er von einem roten BMW mit hohem Tempo überholt wird. Auf der Stelle verflüchtigt sich XYs gute Stimmung. Er verspürt einen Druck im Magen.

Aufgabe für dich: Was könnte XY eine Sekunde/Minute zuvor gedacht haben? Bestimmt gibt es mehrer Möglichkeiten. Das Beispiel soll bloß veranschaulichen, dass es **immer deine Gedanken** sind, die entsprechende Personen, Stimmungen und Situationen in deinem Leben hervorrufen.

Gedankendisziplin bedeutet, sich die eigenen negativen Gedanken in der entsprechenden Situation **bewusst zu machen,** sie zu **formulieren/auszusprechen** (= zu akzeptieren) und sie dann **wegfliegen/weiterziehen** zu lassen. Indem du dich mit gefundenen negativen Gedanken nicht mehr beschäftigst, legst du kein Gewicht mehr darauf und schießt damit auch keine Energie mehr zu. Dies wiederum bedeutet, dass besagter Gedanke immer mehr an „Kraft" verliert und sich in Luft auflöst.

3 – Leitwort

✗ Papier und Stift
✗ bunte Kärtchen

Meine Favoriten sind ▶ Klarheit und das Einfache. Natürlich befürworte ich auch das Sprichwort „In der Kürze liegt die Würze". Das heißt, **je klarer** die Aussage eines Gedankens ist und **je einfacher und kürzer** die Wortwahl, **desto leichter** bleibt er im Gedächtnis! Diese Karte möchte dich zu einem Leitwort verführen oder wenn du Sprüche lieber hast, zu einem selbst gewählten Leitspruch – auch Affirmation genannt. Es kann natürlich sein, dass du schon ein ganzes Büchlein mit Leitsprüchen vollgeschrieben hast. Ist das der Fall, betrachte die Karte als Aufforderung, deine Notizen hervorzuholen und durchzuchecken ▶

Wie viele Worte/Sprüche davon hast du tatsächlich im Gedächtnis?
Welche Worte/Sprüche haben in deinem Leben Wirkung gezeigt?
In welchen Situationen?
Welche Worte/Sprüche passen heute nicht mehr?
Welche Worte/Sprüche könntest du jetzt nach Stimmigkeit umformulieren?
Bist du mit deiner Durchsicht fertig, schreibe die übrig ge-

bliebenen oder veränderten Leitworte oder Sprüche in ein neues Büchlein ○ Robbe 7-S oder auf bunte Karten, die du nach Wunsch verschönern könntest ○ Robbe 1-ZM.

Hast du dich bis jetzt mit Leitworten überhaupt nicht beschäftigt, kam dir der Zufall mit dieser Karte zu Hilfe. Ein **tägliches/wöchentliches/monatliches** (je nach Belieben) **Leitwort** halte ich für eine wunderbare Sache, weil du damit deine Gedanken **gezielt** auf etwas lenkst ○ Hund 2-G, das **dir** (!) besonders wichtig ist, zum Beispiel:

Frieden … friedlich
Genuss … genießen
Fröhlichkeit
Ruhe/Stille
Intuition
Vergebung … vergeben/verzeihen
Liebe
Glücklich-Sein

und so weiter und so fort. Schreibe dein Leitwort auf ein Kärtchen, das du bei dir trägst. Erinnere dich so oft wie möglich an dein Leitwort! Erfreue dich daran! Wiederhole es beim Spaziergehen ○ Gämse 2-TA oder singe es beim Aufräumen. Werde erfinderisch ○ Robbe 2-E, indem du dein Leitwort in ein Gedicht oder in ein Lied einbaust. Je mehr und **je öfter** du damit spielst, **desto selbstverständlicher** wird die Essenz/Qualität deines Leitwortes für dich. Nehmen wir an, du hast den „Genuss" als Wochenleitwort ausgesucht und damit der Seinsqualität „Genuss" oder „genießen" eine Woche lang Priorität in deinem Leben verliehen. So kann es gar nicht anders sein …

dass du in Folge dessen **mit** (!) Genuss ... Arbeiten erledigst, die dich vordem anwiderten ◐ Maulwurf ... Speisen kochst ◐ Robbe 4-K, die du noch nie ausprobiert hast ... Kontakte ◐ Chamäleon 2-K forcierst, obwohl du ansonsten nie den ersten Schritt wagst ... und so weiter und so fort.

Leitworte und -sprüche sind nichts anderes als Gedanken! Gedanken tendieren dazu, sich in entsprechenden Tatsachen zu verwirklichen. **Deine** Gedanken werden in **deiner Einstellung** zum Leben konkret. Kann es dann noch schwierig sein, dein Leitwort für heute, für diese Woche, diesen Monat zu bestimmen?

4 – Sprache

Welche der nachstehenden Formulierungen sind dir vertrauter, a. oder b.?

a. „Bin ja nicht blind!"
b. „Ich sehe das!"

a. Der Tank ist fast leer.
b. Im Tank ist noch etwas Benzin.

a. Vor 23 Uhr gehe ich nicht schlafen.
b. Ich bleibe meistens bis 23 Uhr auf.

a. Ich habe kein Kleingeld bei mir.
b. Ich habe nur Geldscheine mit.

a. Ein Ding der Unmöglichkeit!
b. Welche Chance! Welch Abenteuer!

Die Karte fordert dich auf, deine **Sprachgewohnheiten** zu **hinterfragen,** weil deine Wortwahl sehr viel mit positivem Denken zu tun hat! Tendierst du eher zur Spalte a. bist du im weitläufigen Sinn auf Widerpart eingestimmt, auf Verneinungen und damit auf Ablehnung. Selbstverständlich könntest du jetzt einwenden, dass dies dein gutes Recht sei, was es ja auch ist.

Ich bitte dich nur zu erwägen, dass du **ein und dasselbe** genauso gut positiv ausdrücken könntest anstatt in Verneinungen – was die obere, kleine Liste verdeutlicht. Worte wie ▶
nicht, nie, kein, soll, muss und jene mit der Vorsilbe un- … können durchaus vermieden werden, indem du bewusst die direkte, positive Variante aussprichst. Dazu ein paar Beispiele, die du jetzt gleich umformulieren könntest:

Ich kann die verflixten Socken nicht finden!
Für diese Aufgabe bin ich nicht geeignet.
Noch nie konnte ich freihändig Rad fahren.
Nie im Leben mache ich da mit!
Talente habe ich keine.
Keinesfalls kann ich den platten Reifen auswechseln.
Ich sollte XY anrufen.
Soll ich dich nach Hause bringen?
Ich muss abnehmen.
Schon seit voriger Woche müsste ich damit fertig sein.
XY benahm sich unmöglich.
Das ist unfair!

Mögliche positive Varianten findest du im Anhang.

Die Wörter „soll" und „muss" streiche am besten ganz aus deinem Wortschatz, weil du dich damit selbst automatisch unter Druck setzt oder gar in Stress bringst. Du bist auf der Welt, um glücklich zu sein! Dazu gehört auch dein ganz persönliches Tempo bei allem, was du tust. „Soll/te" und „muss/müsste" ersetze durch „will" oder „möchte" oder durch deine Bereitschaft „Ich bin bereit …".

Beispiele:

    Ich *sollte* heute mit dem Hausputz fertig werden =

        Ich **möchte** heute mit dem Hausputz fertig werden.

    Ich *muss* meinem Exmann/meiner Exfrau verzeihen =

        Ich **will** meinem Exmann/meiner Exfrau verzeihen.

    Ich *müsste* toleranter werden … =

        Ich **möchte** toleranter werden … *oder*

        Ich **bin bereit,** toleranter zu werden.

Was tun, wenn die gewohnten Verneinungen oder die Stressworte immer wieder herausrutschen? Ganz einfach. Du sagst STOPP oder PUNKT und formulierst deinen Satz gleich an Ort und Stelle um. Sieh das Ganze als spielerische Übung, deine Sprachgewohnheiten in erster Linie zu durchschauen und sie in weiterer Folge in ein bewusst gewähltes, positives Maß zu verwandeln!

5 – Gegenwart

Die Karte möchte dich auffordern, den Focus deiner Aufmerksamkeit immer **öfter und konsequent auf das JETZT** zu richten. Wiederum sind es häufig nie hinterfragte Gewohnheiten, die unser Augenmerk von der gegenwärtigen Situation abziehen. Dazu gehören unter anderem auch Verhaltensweisen, wie zum Beispiel ▶

essen und dabei lesen
fernsehen und kochen, bügeln, div. Hausarbeiten erledigen
wandern und andauernd reden
spazieren gehen mit Stöpseln im Ohr (Musik, Sprachkurs)
am Strand den Laptop mit dabei haben

und einige andere. Bitte verstehe mich richtig. Es ist natürlich erlaubt, dass du zwei oder mehrere Dinge gleichzeitig tust, das steht dir frei! Worauf dich allerdings diese Karte hinweisen möchte, ist die damit verbundene „Gefahr", mit deinen Gedanken ganz woanders zu sein, als du dich tatsächlich aufhältst. Wer sich die Ohren zum Beispiel während einer Wanderung zudröhnen lässt, wird kaum imstande sein, Vogelgezwitscher wahrzunehmen … wer beim Essen liest, versäumt schätzungsweise die Hälfte des Genusses, weil eben seine Gedanken auf einen Krimi oder die Tageszeitung konzentriert sind. Auf den Punkt gebracht, schulst du sowohl deine Sinne wie auch deine Wahrnehmungsfähigkeit, wenn du dich auf **eine** Sache – und zwar auf diejenige, die **jetzt** präsent ist – voll und ganz einlässt.

Weitere „Fallen", die dich enorm von der Gegenwart ablenken können, sind Grübeleien über längst vergangene Ereignisse ○ MAULWURF 1-S, ○ EULE 2-V und ○ HUND 6-L. Die Betonung liegt hier auf dem Wort „Grübelei", die manchmal sogar in eine Art Selbstzerfleischung ausufern kann. Bitte erspare dir das. Du bist auf der Welt, um glücklich zu sein! Dazu gehören glückliche Momente ... und zwar jetzt, in diesem Augenblick. Glaube mir, du kannst es schaffen, dich jetzt auf Freude und auf das damit verbundene Wohlgefühl einzustimmen. Du brauchst dir nur bewusst zu machen, was du dir selbst mit zwecklosen Grübeleien über die Vergangenheit antust: ▸

Der jetzige Augenblick ist für dich verloren.

Du aktivierst Groll- oder Angstgefühle, unter denen du sinnlos immer wieder leidest.

Du übersiehst viele liebevolle Signale im jetzigen Augenblick.

Du überhörst wichtige Bemerkungen/Botschaften von anderen Menschen.

Du nimmst Chancen, die sich dir jetzt bieten, nicht/kaum wahr.

Setze einen Punkt darunter. Das geht leicht, wenn du dich auf das konzentrierst, was du vor dir hast. Vielleicht isst du gerade einen Apfel ... oder putzt Schuhe ... oder das Telefon klingelt ... was auch immer es ist – es verdient dich als Ganzes!

6 – Loslassen

Die Karte will dich motivieren, das häufig gebrauchte Schlagwort „loslassen" auch wirklich in die Tat umzusetzen! Gleichgültig, worum es sich handelt … um Grollgedanken oder alte Kleider … um die Exfrau/den Exmann oder eine schlechte Angewohnheit … geht es beim Loslassen in erster Linie um eine **Entscheidung** – und zwar **um deine:** „Brauche ich dieses oder jenes noch?" „Will ich mich weiterhin mit diesem oder jenem belasten oder gar quälen?" Loslassen hat sehr viel mit Selbstachtung und Selbstliebe zu tun. Denn wer seine eigenen Bedürfnisse achtet, wer seine eigenes Wohlgefühl schätzt … wird sich kaum mit irgendwelchem Ballast herumschlagen wollen. **Wer sich selbst liebt, macht es sich so leicht wie möglich!** Niemand hat etwas davon, wenn du geduldig oder gramgebeugt Dinge mit dir herumschleppst, die du für ein zufriedenes Leben überhaupt nicht brauchst, zum Beispiel ▶

Groll gegen düstere Kindheitserlebnisse …
Groll gegen Eltern, Geschwister, Verwandte, ehemalige Partner …
Groll gegen das Wetter, die Politik, die Bezinpreise …
Groll auf dich selbst … wegen …?
geheime Selbstbeschimpfungen …

Befürchtungen und Ängste wegen ...
Konzentration auf den Mangel ... anstatt auf das, was du hast,

um nur einige Punkte zu nennen. Glaube mir, du **kannst** das alles loslassen. Es bedarf nur einer bewussten Entscheidung deinerseits, bestenfalls aus der Erkenntnis heraus, dass du auf der Welt bist, um **glücklich** zu sein. Loslassen bedeutet Abschied nehmen, und zwar für immer. Deswegen halte ich beim Loslassen Zeremonien und Rituale, verbunden mit ein paar Worten des Dankes, für angebracht ○ EULE 2-V und 5-R. Solltest du große Widerstände verspüren, etwas oder jemanden wirklich freizugeben, kann dir auch die Spiegelgesetz-Methode® weiterhelfen. In Schritt 2 „Akzeptieren und Entschlüsseln" kommst du relativ leicht auf den lieblosen Glaubenssatz, mit dem **du dir selbst** verwehrst, Dinge, Menschen oder die Vergangenheit endgültig abzuschließen. Viele Überraschungen warten auf dich! Viele Chancen und manchmal sogar Wunder ... wenn **du** Platz dafür schaffst!

7 – Sorgen

Sorgen bringen nichts! Vielleicht bist du der Meinung, es wäre ein Liebesbeweis deinerseits, wenn du dich um andere sorgst? Wenn ja, danke dem Zufall, dass du diese Karte bekommen hast. Sorgen sind **Angst erzeugende Gedanken** – und damit im Voraus manifestierte Prophezeiungen. Je mehr du dich mit Sorgen über ▶

   deine Kinder, Eltern, Verwandten und Freunde …
   das Altwerden …
   deinen Gesundheitszustand …
   deine finanzielle Situation …
   einen möglichen Pensionsschock …
   einen drohenden Weltuntergang …

und so weiter und so fort … quälst, desto wahrscheinlicher trifft jene Situation ein, die du insgeheim befürchtest. Natürlich sollst du deine Sorgengedanken wahrnehmen, also nicht so tun, als hättest du keine … Es genügt allerdings, deine Sorgen **nur ein einziges Mal** zu registrieren … und zwar dann, wenn sie auftauchen ⬤ Hund 2-G. Du stellst einfach fest, worüber du dich im Augenblick sorgst: „Aha, ich mache mir Sorgen über …" und lässt den trüben Gedanken gleich weiterziehen, indem du dich auf das konzentrierst, was sich jetzt und hier vor deinen Augen befindet ○ HUND 5-G. Du lenkst dich von deinen Sorgen bewusst selbst ab, indem du Essen zubereitest, ein Fenster öffnest, den Computer einschaltest oder Wäsche aufhängst. Ich persönlich halte Sorgengedanken keineswegs für Liebesbeweise, eher für überlieferte Gewohnheiten, die vielleicht früher einmal zum guten Ton unserer Eltern und Großeltern gehörten. Es gibt unendlich viele andere Möglichkeiten, Liebe zu beweisen! Beispiele zum Auswechseln von Sorgengedanken ▸

negativ	*positiv*
Mein Sohn gerät in ein schlechtes Milieu.	Mein Sohn ist beschützt und geliebt.
Mutter stürzt womöglich über die Treppe.	Mutter ist beschützt und geliebt.
Walter wird Vera bestimmt im Stich lassen!	Walter und Vera sind erwachsen.
Im Alter werde ich einsam sein.	Im Alter bin ich ruhig und weise.
Ich könnte Krebs bekommen.	Ich bin auf der Welt, um glücklich zu sein!
Urlaube kann ich mir bald nicht mehr leisten.	Urlaubsgefühle kann ich überall wecken!
Die Leere in der Pension wird furchtbar sein.	Ich bin offen für Neues.
Die Welt geht sowieso bald unter.	Heute ist mein Glückstag!

Zusatzwortspiel ○ Reiher 3-W **(allein oder mit Gruppe)**

Finde/t mit jedem Buchstaben des Wortes „Sorgen" so viele persönliche Schlagworte wie möglich, die den *Kern eurer/deiner Sorgengedanken* treffen. Zum Beispiel ▶

S – stürzen, sterben, Saufgelage …

O – Ohnmacht, Onkel Karl, Osteoporose …

R – Rauferei, Rottweiler, Regentage …

G – Galgos (Hunderasse), giftige Schlangen, Gelbsucht …

E – einsam sein, Enkel, Erderwärmung …

N – Not, Nein sagen, Nachbarn …

Danach finde/t für jeden Buchstaben des Wortes „Sorgen" so viele persönliche Schlagworte wie möglich, die den *Kern deiner / eurer schönsten Leitgedanken* ○ Hund 3-L treffen.

Zum Beispiel ▶

S – selbstsicher, Sonnenaufgang, streicheln …

O – Oleander in voller Blüte, Ostsee, Oktoberfest …

R – Reichtum, Recht auf Freiheit, Rudolf …

G – Glücklich-Sein, genießen, genial …

E – ehrlich, ewige Liebe, echt …

N – Nina, nehmen dürfen, Nein sagen können …

Steigerungsmöglichkeit ▶

Für jeden Buchstaben des Alphabets Begriffe finden, die du/ihr deinen/euren Sorgengedanken zuordnet/st, und danach wiederum von A–Z Begriffe finden, die eure schönsten Leitgedanken im Kern berühren.

8 – Geld

Positive Gedanken in Verbindung mit Geld ... mit Reichtum ... mit Überfluss und Fülle ... halte ich für eine gute Sache – vorausgesetzt, du hast eine **gesunde Beziehung zu Geld.** Diese Karte will dich zu neuen, positiven Gedanken animieren, die deine finanzielle Situation betreffen. Was meinst du, ist eine „gesunde" Beziehung zum Thema Geld? Ich verstehe darunter in erster Linie ein harmonisches Maß zwischen Geben und Nehmen. Natürlich gehört auch deine eigene, innere Erlaubnis dazu, (viel) Geld ausgeben ... und (viel) Geld annehmen zu dürfen! Vielleicht denkst du jetzt: „Selbstverständlich erlaube ich mir das ...!" Halt. Wenn das wirklich der Fall wäre, dann hättest du immer genug Geld zum Ausgeben – auch für persönlichen Luxus – und würdest immer wieder genug Geld hereinbekommen, ohne dich deswegen abrackern zu müssen. Deine gesunde Beziehung zu Geld steht oder fällt demnach 1. durch eine selbst erteilte **Erlaubnis** und 2. durch deine Bereitschaft, **dagegensprechende Gedanken aufzudecken** ⊃ MAULWURF 1-S, sie ein letztes Mal zu akzeptieren und infolgedessen mit Worten des Dankes ⊃ EULE 4-D während eines kleinen Rituals ⊃ EULE 5-R für immer zu verabschieden. Realität beginnt immer im Geist! Deine gesunde Beziehung zu Geld beginnt demnach in **deinen** Gedanken.

Oft sind es übernommene – nie hinterfragte! – Gedanken unserer Eltern oder Großeltern, die einem optimalen, persönlichen Geldfluss im Wege stehen, zum Beispiel ▶

a. Geld verdirbt den Charakter …
b. Reichtum stinkt …
c. Entweder arm und glücklich oder reich und unglücklich …
d. Gewonnenes Geld ist nichts wert …
e. Geschenktes Geld ist nichts wert …

und so weiter und so fort. Kommt dir das bekannt vor? Wenn ja, dann hast du solche oder ähnliche Statements zu **deinen Überzeugungen** gemacht! Sei dir bitte bewusst darüber, dass diese (deine!) Gedanken sowohl die dazupassende **Geldsituation** für dich hervorrufen, wie auch die dazupassenden **Stimmungen** und ein dementsprechend **liebloses Selbstbild**.
Nach obigen Beispielen ▶

a. Nur arme Leute sind gute Leute. Also darf ich nie viel Geld haben, sonst wird mein Charakter verdorben und ich bin schlecht.
b. Armut „duftet" … Jeder soll sehen, wie bescheiden und brav ich bin.
c. Ich verzichte bewusst auf Reichtum … schließlich will ich glücklich sein!
d. Erarbeitetes Geld ist echtes Geld. Lieber schufte ich, als einen Gewinnschein auszufüllen.
e. Nein danke. Ich bin nicht auf Almosen angewiesen. Lieber bin ich arm und stolz.

Möglichkeiten, lieblose Geldgedanken (= lieblose Selbstdarstellung) auszutauschen ▶

Sanfte Formulierung:
Ich darf immer genügend Geld besitzen. Danke.
Ich darf reich sein. Danke.
Von Tag zu Tag mehr wächst mein Vermögen. Danke.
Ich liebe das Geld in meiner Börse und auf meinem Konto.

Starke Formulierung:
Ich habe immer genug Geld, auch für persönlichen Luxus. Danke.
Ich bin reich! Danke.
Ich schwimme im Geld. Danke.
(Viel) Geld fällt mir einfach so in den Schoß! Danke.
Ich liebe mich als Millionär/in.

9 – Fördern

✗ Papier und Stift

Die Karte möchte dir helfen, dein **Potenzial mehr auszuschöpfen**, als du es bisher getan hast. **Wähle 3** (oder auch mehr) **Eigenschaften**, die du an dir selbst **fördern** möchtest ◐ MAULWURF 1-S. Die Auswahl kann dir leichter fallen, wenn du eine Person ins Auge fasst, die du bewunderst. Was kann dieser Mensch so besonders gut? Welche Eigenschaften sind es, die dich so faszinieren? Es ist kein Zufall im üblichen Sinn, dass dir ausgerechnet an dieser Person bestimmte Verhaltensweisen positiv auffallen … Sie stechen dir deswegen ins Auge, weil **auch du** die Anlagen – das Potenzial – dafür besitzt! Wenn du drei förderungsbedürftige Eigenschaften gefunden hast, notiere sie und bestimme jeweils 3 dazupassende Taten/Handlungen, die du bis zu einem festgelegten Datum durchgeführt hast. Achtung: Das ist ein Selbstversprechen! Dies bedeutet, dass du liebevoll und ehrlich in dich gehen sollst, **bevor** du deine Taten festlegst. Es führt zu nichts, wenn du deine eigenen Grenzen missachtest und womöglich Handlungen erfindest, die du dir gar nicht zutraust. Du förderst eine bestimmte Eigenschaft wesentlich mehr, wenn du in (kleinen) Schritten vorgehst, die deinem inneren Wesen und deinem persönlichen Tempo wirklich entsprechen!

Beispiel:
XY möchte die Eigenschaft „Offenheit gegenüber Fremden" an sich selbst fördern. Er bestimmt 3 dazupassende Handlungen ▸
1. Auf der Straße einen fremden Menschen anlächeln.
   Durchführen bis: (Datum)
2. Mich in einem Lokal zu jemandem an den Tisch setzen.
   Durchführen bis: (Datum)
3. Freundliche Nachbarn, die ich nur vom Stiegenhaus kenne, zu einem Plausch einladen.
   Durchführen bis: (Datum)

Wenn du die Idee der Karte auf ähnliche Weise umsetzt, tust du etwas enorm Gutes für dich, das wir hinlänglich als Weiterentwicklung bezeichnen. Der gravierende Unterschied zur Weiterentwicklung, die das Leben oder das Schicksal vorgibt, liegt bei der Karte „Fördern" in der Selbstbestimmung – und damit in deiner persönlichen Freiheit. Du wählst selbst, was du an dir zur vollen Entfaltung bringen möchtest … super, nicht wahr?

10 – Spiel

✗ Papier und Stift

Diese Karte will dich zu einem **Gruppenspiel** ◑ CHAMÄLEON 2-K und 10-F einladen. Was du allerdings vorher schon alleine ins Auge fassen könntest, ist eine Fragenliste. Das Spiel beruht absichtlich auf einigen Tücken … da in den **Antworten folgende Wörter verboten** sind ▶

> **ja**
> **nein**
> **nicht, nichts**
> **nie, niemals**
> **kein, keinesfalls**

Deine Fragen müssen daher *absichtlich* so formuliert sein, dass man sie üblicherweise nur mit JA oder NEIN beantworten könnte! Beispiele für Fragen und spielrichtige Antworten:

1. Ist die Erde ein Würfel?
   Wer weiß das schon.
2. Hat das Jahr 12 Monate?
   Natürlich!
3. Bist du verliebt? Verheiratet?
   Das stellt sich bald heraus.
4. Kannst du schwimmen?
   Nur im seichten Wasser.

Und so weiter und so fort. Rutscht einem Mitspieler dennoch eines der obigen Verbotwörter heraus, scheidet er aus oder gibt ein Pfand her. Es ist erprobt und daher ratsam, die Zeitspanne fürs Antworten auf 3 bis maximal 5 Sekunden einzugrenzen (Stoppuhr). Je mehr Mitspieler du einlädst, eine desto längere Fragenliste brauchst du natürlich, Richtwert: mindestens 5 Fragen pro Spielteilnehmer.

Steigerung des Spiels:
Die **Fragenliste auf Spezialthemen,** wie zum Beispiel ▶ Liebe und Partnerschaft, Gesundheit, Theater/Oper, Musik, Kochen … und Ähnliches, **abstimmen.**
Zu jedem Bereich nachfolgend eine Vorschlagsfrage plus spielrichtiger Antwort ▶

1. Bist du ein/e einfühlsame/r Partner/in?
   Manchmal.
2. Isst/rauchst du heimlich, auch nachts?
   Sehr gerne.
3. Ist dir Verdi ein Begriff?
   Ich liebe seine Oper „Aida".
4. Spielst du Klavier?
   Ich klimpere nur …
5. Kannst du ein Ei kernweich kochen?
   Das gelingt mir fast immer!

Dieses einfache Spiel hat zur Folge, dass ihr euren Wortschatz erweitert, weil immer mehr alternative Antworten gefunden werden müssen. Es darf sich nämlich keine einzige Antwort wiederholen!

DAS VERGNÜGLICHE CHAMÄLEON

1 – Singen

✗ Internet

Die Karte will dich motivieren, deine Stimme nicht nur zum Reden zu gebrauchen, sondern auch zum Singen. Oh je … deine Einwände kann ich jetzt schon wahrnehmen: „Ich kann nicht singen, das konnte ich noch nie … und würde ich es trotzdem tun, dann sänge ich falsch …" Welch große Chance könnte diese Karte für dich sein, wenn du dein Augenmerk weniger auf den Mangel richtest ◐ HUND 2-G, sondern vielmehr auf das, was du besitzt: eine Stimme! Singen befreit die Seele … es fördert den Atemfluss und die Sauerstoffzufuhr … und kann tatsächlich auch dann Spaß machen, wenn du nur **für dich selbst** – weder für noch wegen anderer Personen – **singst**. Einen zusätzlichen Vorteil beim Allein-Singen sehe ich darin ▶

Du bist keiner (bösen) Kritik ausgesetzt.
Niemand kann dich auslachen.
Du bringst Fröhlichkeit und damit Leben in deine Wohnung.
In der Natur mit einem Lied auf den Lippen unterwegs zu sein vertreibt mögliche Einsamkeitsgefühle.

(Auswendig gelernte) Liedtexte ○ REIHER 7-GBL mit persönlichem Gesang zu untermalen fördert auf spielerische Weise dein Gedächtnis.

Du hast viele Möglichkeiten, deine Stimme aus dem Winterschlaf zu wecken ▸
- Mit**summen** (Lieder aus Radio, CDs ....)
- Mit**singen** (Lieder aus Radio, CDs ...)
- Summen oder Singen beim Duschen, Spazierengehen, bei der Hausarbeit ...
- Karaoke-Singen ...
- einem Chor beitreten ○ CHAMÄLEON 2-K ...
- selbst einen Hobbychor gründen ○ ROBBE 2-E, regelmäßige Treffen,
- eventuelle Auftritte ...

1. Steigerung:
Den Text deines **Lieblingsschlagers** oder deiner **Lieblingsarie** im Internet ○ DROMEDAR 8-C recherchieren und auswendig lernen, die begleitende Musik möglichst oft anhören und als Krönung des Ganzen deinen Lieblingsschlager und/oder deine Lieblingsarie in voller Lautstärke mitsingen. Wenn du ein Mikrofon besitzt, könntest du sogar eine Aufnahme davon machen.

2. Steigerung:
Wähle ein **fremdsprachiges Lied,** das dir besonders gut gefällt, und gehe wie oben vor.

2 – Kontakte

✗ Papier und Stift
✗ Internet
✗ Zeitschriften/Zeitungen

Diese Karte möchte dir ein paar **Impulse zum Kontakteknüpfen** vermitteln. Sie will dir einen kleinen Einblick in die Vielfalt der Möglichkeiten schenken, welche dir offen stehen – besonders dann, wenn du dich eher zurückhaltend … introvertiert … unsicher oder schüchtern in Gegenwart fremder Menschen verhältst. Mit einem Wort richtet sich die Idee der Karte hauptsächlich an Menschen, die sich mehr Kontakte wünschen, aber nicht so recht wissen, wie sie das anstellen könnten. Zunächst halte ich einen kurzen Selbstcheck ◐ MAULWURF 1-S für angebracht, um jene Überzeugungen zu erforschen, die neuen Kontakten mit verschiedensten Leuten möglicherweise im Wege stehen. Frage dich: „Wie (negativ) denke ich insgeheim über Frauen … über Männer … über Partnervermittlungsinstitute … über Leute, die in Lokalen Menschen einfach ansprechen …? Was genau müsste eine Person darstellen/können, die beliebig viele Kontakte herstellen kann? Wie sieht mein Selbstbild aus? Halte ich mich etwa für zu … dick … alt … klein … dumm … um neue Menschen kennenzulernen?" Notiere deine Antworten,

akzeptiere sie ein letztes Mal und mache dir gleichzeitig bewusst, dass du deine (negative) Meinung jederzeit aufgeben kannst! Verabschiede deine Notizen mit Worten des Dankes ◐ Eule 4-D in einem kleinen Ritual ◐ Eule 5-R und Hund 6-L. Danach könntest du dir eine neue Meinung bilden, indem du neue kontaktfördernde Gedanken ◐ Hund 3-L wählst,
zum Beispiel ▶

sanft:
Ich darf jetzt neue, interessante Menschen kennenlernen.
Ich erlaube mir die Chance, neue Menschen zu treffen.
Ich bin von Tag zu Tag mehr bereit, neue Kontakte zu knüpfen.

stark:
Ich treffe jetzt Menschen, die mich schätzen und fördern.
Ich bin eine Liebesbombe! *(Kössner Spruchbild-Postkarte Nr. 7 von 24)*
Ich liebe es, kontaktfreudig zu sein!

WO kannst du **„zufällige" Kontakte** knüpfen? Beinahe wäre mir jetzt als Antwort „Überall!" herausgerutscht ▶
auf Parkplätzen, in Garagen, in Supermärkten, in Aufzügen, in Restaurants, beim Würstelstand, in Wartezimmern bei Ärzten oder Behörden, auf Erntedankfesten, Weihnachtsmärkten, bei Ausstellungen und Vernissagen, in Internet-Cafés, Museen, bei Garderoben und/oder Vorräumen im Theater, in der Oper, im Kino, im Autobus oder Flugzeug, am Bahnsteig ... und so weiter und so fort.

WO kannst du **gezielt** Kontakte knüpfen? Hier einige Möglichkeiten ▶

Partnerbörsen im Internet ansehen ◯ DROMEDAR 8-C
Kontaktanzeigen in Tageszeitungen oder Wochenzeitschriften lesen und/oder selbst eine Annonce einschalten ◯ GÄMSE 2-TA
Partnerinstitute persönlich aufsuchen, informieren und eventuell einschreiben lassen
Spezielle Kontaktvermittlungen kontaktieren ◯ DROMEDAR 8-C, zum Beispiel Freizeitpartner, Tanzpartner …
Kursteilnehmer ansprechen und näher kennenlernen (zum Beispiel Sprachkurs ◯ DROMEDAR 4-F, Kreativkurs ◯ ROBBE 10-K)
Nachbarn näher kennenlernen ◯ ROBBE 9-SP oder zur Jause einladen

Neue Kontakte zu knüpfen halte ich für ein vergnügliches Abenteuer, das mein Leben durch Vielfalt und Buntheit bereichert, weil mir bewusst ist, dass ich mich in anderen Menschen immer nur selbst gespiegelt sehen kann. Was mir an einer Person gefällt … ist das, was ich auch an mir gut finde. Was mich an anderen Menschen stört … ist das, was ich mir nicht erlaube. Könnte diese Tatsache auch für dich ein freudiges Motiv sein, dich auf neue Kontakte einzulassen?

3 – Bewegung

✘ Internet

Sieh diese Karte als Aufforderung, generell mehr Bewegung in dein Leben zu bringen ... sowohl **geistig** ▸ zum Beispiel durch Weiterbildung ◐ DROMEDAR, durch Gedächtnistraining ◐ REIHER oder durch Erfinden ◐ ROBBE 2-E neuer Denkmuster ◐ HUND 3-L und 4-S, wie auch **körperlich** ◐ GÄMSE. Leben ist ja Bewegung! Raus aus dem Einerlei, aus dem Trott ... und hinein ins Vergnügen! Halt. Fast kann ich deine Einwände hören ... „Ich habe dafür keine Zeit" „Vergnügen kostet etwas, dafür habe ich kein Geld", „Für das bin ich zu alt, zu schwach, zu phlegmatisch, zu faul, zu bequem, zu müde ..." Bitte verstehe mich richtig. Selbstverständlich kannst du deine Bedenken behalten, das steht dir ja frei. Was diese Karte trotzdem aufzeigen möchte, ist Folgendes ▸

– Gratuliere dir, dass du dieses Spiel gekauft hast, um Alternativen oder neue Ideen für deine Freizeitgestaltung zu finden. Du bist also wirklich bereit, Bewegung in deinen Alltag zu bringen!

- Vergnügungen, verbunden mit Bewegung, müssen nicht teuer sein! Zum Beispiel könntest du beim Saubermachen durch die Wohnung **tanzen**, anstatt dich lustlos dahinzuschleppen ... du könntest **auf dem** (flotten) **Weg** zum Supermarkt neue **Leitsprüche** ○ Hund 3-L **wiederholen** ... oder das **14er-Einmaleins** ○ Reiher 4-Z, während du **schwimmst** ○ Gämse 4-S oder **wanderst** ○ Gämse 1-W.

- **Auch ganz kleine** Bewegungen sind Bewegungen! Du könntest zum Beispiel deine Zehen und/oder deine Finger während des Fernsehens bewegen ... oder ein, zwei Minuten Augengymnastik (bewusstes Öffnen und Schließen der Lider) machen, bevor du einschläfst ... oder deine Lachmuskel aktivieren, weil du vor dem Spiegel Grimassen schneidest ...

- **Jede kleinste Bewegung** ... ob geistig oder körperlich ... die du **neu und voller Lust** in dein Leben mit einbeziehst, ist besser, als im täglichen Einerlei zu versauern!

Dich für **soziale Projekte** oder **Hilfsorganisationen** als ehrenamtliche/r Helfer/in zu engagieren wäre eine weitere Möglichkeit, dein Leben bewegter zu gestalten, als du es bisher gewohnt warst. Insassen von **Alten- oder Pflegeheimen** freuen sich bestimmt über Besucher, die ihnen vorlesen oder zuhören. Du könntest dich auch für den **Tier- oder Naturschutz** interessieren und in Folge davon einsetzen, einschlägige Adressen findest du genügend im Internet ○ Dromedar 8-C. Manche **Museen** suchen ehrenamtliche Helfer für Restaurierungen oder als Begeleitpersonen für Besuchergruppen. Tja, und manchmal ist es die Marktfrau um die Ecke, der du mit ein paar einfachen Handgriffen eine Riesenfreude bereiten könntest ... Kurzum – Bewegung kannst du immer und überall machen und damit dein Leben in abwechslungsreiche Bahnen lenken!

4 – Orakel

✗ beliebiges Buch (Roman, Erzählungen …)
✗ Papier und Stift

Dieses Orakel beruht auf der Tatsache, dass es keinen „Zufall" im üblich verstandenen Sinn gibt … sondern dass dir etwas Bestimmtes ZU-fällt (=zu dir kommt), das **dir** – und damit meine ich deine momentane Geisteshaltung und deine aktuelle Gemütsverfassung – **entspricht**. Mit einem Wort möchte dich diese Karte zu einem **simplen Orakelspiel** einladen, das du vielleicht noch nicht kennst. Wähle ein beliebiges Buch. Nach meiner Erfahrung eigenen sich Romane und Erzählungen ohne Abbildungen besonders gut dafür. Notiere auf einem Zettel die Anzahl der Seiten und auch die Anzahl der Zeilen einer Buchseite (im Durchschnitt 28–35 Zeilen). Stelle dann eine Frage, die dir am Herzen liegt. Achtung: Diese soll so formuliert sein, dass man sie weder mit Ja noch mit Nein beantworten kann.

Falsch:
Finde ich in diesem Jahr meine/n Lebenspartner/in?

Richtig:
Danke für eine Botschaft zu meinem Lebenspartner/meiner Lebenspartnerin *oder*
Wo stehe ich auf dem Weg zu meinem Lebenspartner?

Schließe deine Augen … fühle deine Herzensfrage mit allen Sinnen … und bestimme dann spontan zwei Zahlen: Die **Seite** und die **Zeile** auf dieser Seite. (Selbstverständlich ohne vorher nachzusehen). Und genau dort auf dieser Seite in dieser Zeile findest du die Antwort, die gewünschte Botschaft. Es kann sein, dass dich nur ein einziges Wort in dieser Zeile berührt … es kann sein, dass du die Worte ein paar Minuten wirken lassen musst, um die Botschaft zu verstehen … es kann auch sein, dass du nur auf den ersten Teil der Zeile achten musst, oder auf den letzten … wie auch immer! Sei sicher, dass sich die gewünschte Antwort auf jeden Fall herauslesen lässt, weil es in einem Kosmos keine Willkürlichkeiten gibt, sondern nur Gesetzmäßigkeiten. Zu zweit oder mit einer Gruppe kann das Orakeln ebenso großes Vergnügen bereiten wie als Alleinspieler. Solltest du beim Wählen von Seite und Zeile befangen sein, bitte dein Gegenüber, dies für dich zu tun. Eine heikle Sache, meinst du? Nein. Jedes Gegenüber spiegelt immer nur **dich** … und spricht Worte aus, die **du** im Bewusstsein hast … Wenn du mehr darüber erfahren möchtest, empfehle ich dir mein Buch *„Schlüssel zum Glücklich-Sein: Das Spiegelgesetz"*.

5 – Privatsammlung

Die Karte möchte dich ermuntern, eine **außergewöhnliche, kuriose und ganz individuelle Sammlung** ins Auge zu fassen. Gegenstände zu sammeln kann zu einer überaus vergnüglichen Freizeitbeschäftigung werden – besonders dann, wenn es Dinge sind, die dich faszinieren. Sammeln trägt auch einiges zu deiner Fitness bei, weil du vielleicht bestimmte Geschäfte aufsuchst ◐ GÄMSE 2-TA… Flohmärkte … Bauern- und Adventmärkte … und so weiter und so fort. Entscheidest du dich, Exponate aus der Natur zu sammeln (Steine, Muscheln, Nüsse, Blüten, Blätter ….), könntest du bei deiner nächsten Wanderung ◐ GÄMSE 1-W gleich damit beginnen. Sammeln fördert deine Kontaktfreudigkeit ◐ CHAMÄLEON 2-K, weil du per Annonce in Tages- und Wochenzeitungen oder via Internet ◐ DROMEDAR 8-C Menschen kennenlernen kannst, die ebenfalls Sammler sind. Auch Tauschbörsen empfehle ich dir, zu kontaktieren.

Nachfolgend ein paar Anregungen für Hobbysammler, vielleicht ist eine Idee für dich dabei ▶

   alte Kaffeeschalen
   Ansichtskarten
   antiquarische Bücher

Bierdeckel

Christbaumschmuck

Engel

Film- und Theaterprogramme

Glasfiguren

Handywertkarten

Holzspielzeug

Kleingeld

Körbe in allen Größen

Kristalle und Halbedelsteine

Krüge

Nussknacker

Papierservietten

Perlen

Poster

Quasten und Kordeln

Requisiten eines bestimmten Sportvereins

Säbel

Türschilder

Wandteller

und so weiter und so fort. Bei dieser Karte steht die **Freude am Sammeln im Vordergrund!** Der materielle Wert deiner Privatsammlung möge bewusst in den Hintergrund rücken, nach dem Leitspruch „Vergnügen muss nicht teuer sein!" Informiere auch deine Familie und deinen Freundeskreis über deine neu entdeckte Sammlerleidenschaft. Damit beendest du das Rätselraten, was man dir zum Geburtstag schenken könnte.

Wohin mit den gesammelten Stücken? Eine berechtigte Frage, die dich wahrscheinlich beschäftigt. Je nach Größe und Anzahl der Gegenstände bis du aufgerufen, einen **würdigen Platz** für deine Sammlung herbeizuzaubern ○ Eule 8-A und ○ Maulwurf 10-L. Für kleinere Dinge eigenen sich zum Beispiel Glasvitrinen, Laden, hübsche Kartons und bunte Ordner, große Glasvasen oder Kleinkommoden aus Rattan. Größere Exponate, wie zum Beispiel Körbe, Säbel oder Wandteller kommen am besten zur Geltung, wenn man sie sieht. Du könntest demnach eine „Privatsammlungsecke" in deinem Wohnzimmer gestalten, oder eine „Privatsammlungswand" ○ Robbe 6-W ... woraus sich der Nebeneffekt, ein paar nicht mehr gebrauchte Gegenstände/Kleinmöbel zu entsorgen ○ Maulwurf 8-M und ○ Hund 6-L, von selbst ergibt. Super, oder?

6 – Kultur

✗ Internet
✗ Tageszeitungen
✗ Obdachlosenzeitungen
 (z. B. Augustin)
✗ Papier/Stift

Diese Karte richtet sich ▶
1. hauptsächlich an Leute, die im Volksmund als Kulturbanausen bezeichnet werden und
2. an Leute, die glauben, dass sie für eine Teilnahme an kulturellen Veranstaltungen zu wenig Geld besitzen.

Ein bisschen „Kultur" in deinen Alltag mit einzubeziehen kann dir wirklich Vergnügen bereiten! Du musst kein Opernabonnement bestellen oder Karten für ein großes Konzert reservieren lassen, wenn dich das nicht im Geringsten interessiert oder es dir an finanziellen Mitteln mangelt … Die Idee der Karte bezieht sich hauptsächlich auf **kostengünstige, alternative Schritte,** die dein kulturelles Interesse fürs Erste wecken könnten. Informiere dich im Internet ❖ DROMEDAR 8-C oder in diversen Zeitungen über Veranstaltungen, zu denen das Publikum **gratis** eingeladen wird. Du wirst staunen, wie viele es gibt! Die Palette reicht von Vernissagen, Liederabenden, Kabaretts, Lesungen, Musikdarbietungen, Benefizevents, Stadtrundgängen, Museumsführungen … bis hin zu Diskussionsrunden mit Leuten aus Theater oder Politik.

Solltest du einen Widerstand verspüren, eines dieser Angebote anzunehmen „Was soll ich dort? Ich habe nichts Passendes anzuziehen … Ich kann nicht mitreden … Ich traue mich nicht …" oder ähnliche Gedanken, könntest du im Zuge eines Selbstchecks ◐ MAULWURF 1-S deine Befürchtungen hinterfragen: ▶ „Was glaube ich insgeheim, könnte im schlimmsten Fall passieren, wenn ich doch hingehe?" Notiere deine Antwort und provoziere dich weiter: „Na und, was macht das schon?" Notiere wiederum, was hochkommt … und frage noch einmal: „Na und?" Auf diese Weise kommst du deinen negativen Gedanken – deinen lieblosen Glaubenssätzen – leicht auf die Spur ◐ HUND 2-G. Es steht dir frei, negative Gedanken aufzugeben ◐ HUND 6-L und dich auf liebevolle Gedanken, Ideen und Leitsprüche ◐ HUND 3-L einzustellen … und in Folge dessen die Idee dieser Karte in die Tat umzusetzen.

Möchtest du Eintrittsgeld in kulturelle Veranstaltungen investieren, steht dir ein Riesenangebot zur Verfügung, nachzulesen in Tageszeitungen, in Programmen von Volkshochschulen oder im Internet: Konzerte ◐ DROMEDAR 9-M, Theater, Oper und Operette ◐ DROMEDAR 9-M und ◐ REIHER 7-GBL, Kino ◐ REIHER 9-BF, Lesungen und Vernissagen ◐ ROBBE 1-ZM, Volks- und Laienbühnen, Musicals, Wein- oder Buchpräsentationen, Schlossbesichtigungen, Landesausstellungen … und so weiter und so fort. In Wien zum Beispiel haben einmal im Jahr sämtliche Museen der Stadt bis nach Mitternacht für Besucher geöffnet. Informiere dich über ähnliche Angebote und mache mit!

7 – Zoo

✗ Internet

Die Karte ermuntert dich zu einem **Besuch im nächst gelegenen Tiergarten**. Wie lange ist es her, seit du das letzte Mal dort warst? Einen Spaziergang durch den Zoo zähle ich aus mehreren Gründen zu einer sehr vergnüglichen Sache! Du tust etwas für deine Fitness ◐ GÄMSE 1-W und 2-TA. Du tust etwas für deine Allgemeinbildung ◐ DROMEDAR 7-F. Außerdem verfliegen trübe Gedanken ◐ HUND 7-S im Nu, weil du dich auf die Vielfalt der Tiere konzentrierst und vor lauter Staunen wahrscheinlich sogar die Uhrzeit vergisst.

Alternativen:

Wenn du ohnehin oft in den Zoo gehst, könntest du zum Beispiel einen Natur- oder Wildpark in der Nähe erkunden, indem du dich vorher via Internet ◐ DROMEDAR 8-C über dessen tierische Bewohner schlaumachst ◐ DROMEDAR 7-F. Du könntest auch einen Streichelzoo aufsuchen oder einen Urlaub am Bauernhof ◐ CHAMÄLEON 8-U erwägen.

Zusatzspiel „Botschaft von einem Tier"

Bei diesem Spiel geht es um ein Talent von dir ○ HUND 1-T, und zwar um dein Einfühlungsvermögen. Verweile bei deinem nächsten Zoobesuch vor dem Gehege eines Tieres, das dich **besonders fasziniert** ... und nimm **Kontakt** zu diesem Tier auf ... indem du es still beobachtest ... bewunderst ... seine Bewegungen studierst ... sein Verhalten in der Tiergruppe ... oder sein Verhalten als Einzelgänger ... Sprich in Gedanken mit diesem Tier ... drücke deine Faszination aus ... und bitte dann um Kontaktaufnahme. Der **erste intuitive Gedanke**, der dir in diesem Augenblick in den Sinn kommt, ist eine **Botschaft für dich.** Bedanke dich dafür ○ EULE 4-D, bevor du weiterziehst.

8 – Urlaub

✗ Papier und Stift
✗ Foto von dir
✗ Karte mit schönem Motiv
✗ Internet

Bestimmt zählst du einen Urlaub zu den schönsten Freizeitvergnügungen und deswegen glaubst du vielleicht, diese Karte gar nicht zu brauchen. Stopp! Diese Karte möchte in erster Linie **Urlaubs-Alternativen** aufzeigen, die du möglicherweise noch nie in Erwägung gezogen hast. Ich wage sogar zu behaupten, dass du mit ein bisschen Fantasie jeden Tag Urlaub haben könntest … Wie das gehen soll, fragst du? Der Trick beruht auf deiner Macht, dich jederzeit in jede x-beliebige Stimmung versetzen zu können! Kraft deiner Gedanken **hast du** diese Macht. Damit dir dieses Kunststück gelingt, bitte ich dich zuerst um eine Antwort auf die Frage, die du dir jetzt stellen sollst: „Wofür möchte ich mich belohnen? Was habe ich in der letzten Zeit vollbracht … geschaffen … geleistet … das eine Belohnung wert wäre?" Gib nicht früher auf, bis du etwas Belohnenswertes gefunden hast. Und dann sage dir: „Dafür belohne ich mich mit einem Urlaubstag." Oh je, schon wieder Einwände? Keine Zeit, zu wenig Geld, zu viele Dinge im Kopf? Das muss nicht sein. Bestimme einen bestimmten Tag dieses Monats, der dein Belohnungsurlaubstag sein wird, und notiere dieses Datum als **Selbstversprechen** auf einer schönen Karte oder auf einem Foto von dir. Wähle aus möglichen Alternativen, wie du diesen Tag verbringen möchtest. ▸

Ein Urlaubstag zu Hause
So lange schlafen, bis du von selbst aufwachst. Frühstücken, solange du Lust hast, im Nachtgewand oder schön gekleidet, wie es dir eben taugt. Du könntest auch ein Lokal aufsuchen, um ein Megafrühstück zu genießen, und anschließend durch die Stadt bummeln … ein Museum aufsuchen … oder dich in Kauf- oder Modehäusern über die neusten Trends informieren … oder du könntest ins Grüne laufen ◐ GÄMSE 5-L, mit dem Ziel eines hübschen Restaurants zum Mittagessen … oder eine Aussichtswarte, eine Burg, ein Stift oder eine Kirche ◐ DROMEDAR 2-K besichtigen. Wieder zu Hause, könntest du ein Nachmittagsschläfchen einbauen … ein Schaumbad nehmen oder so lange duschen, wie du es dir sonst nie erlaubst … du könntest deinen Körper mit Lotionen verwöhnen … deinem Haar eine Packung vergönnen … Zum Ausklang könntest du deiner Lieblingsmusik ◐ DROMEDAR 9-M lauschen … eine Kerze anzünden und in Frieden ◐ EULE mit dir selbst sein … du könntest auch eine spontane Party ◐ ROBBE 9-SP veranstalten … einen Liebesbrief ◐ EULE 9-B schreiben … oder ins Kino gehen … oder …?

Ob dein Urlaubstag ein Freudenerlebnis oder ein Flop wird, hängt **allein von deiner Einstellung dazu ab** … die an diesem ganz besonderen Urlaubstag sehr viel mit „Erlaubnis" zu tun haben soll. **Je mehr du dir erlaubst** (was du dir ansonsten verbietest oder dich nicht traust), **desto mehr wirst du das Gefühl haben, auf Urlaub** (und nicht im ganz normalen Alltagsgeschehen) **zu sein** – das ist der ganze Trick.

Kurzurlaube liegen im Trend. Dazu gehören Inlandflüge, Städteflüge in europäische Länder, Wellnesswochen, Wanderwochenenden, Kurzurlaube am Bauernhof und vieles mehr. Im Internet ◐ DROMEDAR 8-C kannst du diesbezüglich super Schnäppchen zu sehr günstigen Preisen erforschen. Allerdings gilt es dann, schnell zu handeln (buchen)!

Restplatzbörsen (nur für rasch Entschlossene) bieten sehr günstige Urlaube inclusive Flug und Hotel an. Wenn du nicht auf ein bestimmtes Urlaubsziel fixiert bist, sondern Überraschungen liebst, bist du hier richtig. Vor ein paar Jahren wollte ich Urlaub auf einer griechischen Insel machen, landete jedoch über eine solche Restplatzbörse in Taormina (Sizilien) und verbrachte dort eine unvergesslich schöne Zeit!

Zusatzspiel „Meine Traumreise" siehe ◐ DROMEDAR 1-G

9 – Akzente

Akzente setzen bedeutet bei dieser Karte, dass du **aus purem Vergnügen „ein Zeichen setzen"** oder „unverkennbare Spuren" hinterlassen sollst, die du auch als „persönlichen Stempel" bezeichnen könntest. Wo immer du dich aufhältst ... oder mit wem du gerade zusammentriffst ... ▶ Gib der Situation – je nachdem – deine (unvergessliche ... eindrucksvolle ... auffällige ... stille ....) persönliche Note durch Akzente, die **aufhorchen lassen oder neugierig machen.** Damit stärkst du nicht nur dein Selbstwertgefühl, sondern erweist einer beliebigen Situation die Ehre deiner Anwesenheit. Solche Akzente sind Zeichen deiner **Einzigartigkeit** und müssen keineswegs immer etwas Großartiges sein!

Wenn du die Idee dieser Karte umsetzt, möge die Eindeutigkeit – „Das bin ich" – an erste Stelle rücken. Was also könntest du tun, um dich und dein ureigenstes Wesen durch individuelle Akzente einzubringen? Bestimmt helfen dir ein vorheriger Selbstcheck ○ MAULWURF 1-S und eine Talente- und Begabungen-Liste ○ HUND 1-T auf die Sprünge. Sei erfinderisch und kreativ ○ ROBBE, um deine ganz persönlichen „Spuren" herauszufinden und demnächst zu hinterlassen. Nachfolgend je 2 konstruierte Beispiele, die du, **individuell auf dich selbst abgestimmt,** ins Auge fassen könntest. ▶

— *In Gesellschaft anderer Menschen*
  zum aktuellen Gesprächsstoff deine ehrliche, persönliche Meinung sagen, anstatt lächelnd mit dem Kopf zu nicken …
  bewusst als stiller, aufmerksamer Beobachter am Geschehen teilnehmen, anstelle von Smalltalk …
— *in der Partnerschaft*
  deinen Partner an jedem 2. Donnerstag im Monat mit einem Liebesbrief überraschen, anstatt ihm den Mülleimer vor die Füße zu knallen …
  deinem Partner in voller Absicht eine Stunde lang nicht antworten, stattdessen nur lächeln oder umarmen …
— *in Alltagssituationen*
  der Marktfrau (bei der du täglich einkaufst) eine Schokolade mitbringen, anstatt dich über die Teuerung zu beklagen …
  mit deinen Enkelkindern eine Polsterschlacht veranstalten, anstatt sie zurechtzuweisen oder Staub zu saugen …
— *in deinem Wohnbereich* ● Robbe 6-W
  selbst gemalte Bilder ● Robbe 1-ZM aufhängen, anstatt Poster oder Drucke von irgendwem …
  den teuren Luster von Tante Molly (den du nicht ausstehen kannst) entsorgen ● Maulwurf 8-M und stattdessen den bunten, billigen aus Papier kaufen, den du schon so lange willst …
— *an deiner Kleidung* ● Maulwurf 4-O

Das Freizeitspiel

Du bist du. Eine ganz spezielle Komposition von Vorlieben, Gewohnheiten, Eigenschaften und Verhaltensweisen. Du bist auf der Welt, um dich zu zeigen mit all deinen Facetten. Du bist hier, um glücklich zu sein! Und glücklich bist du dann, wenn du dir erlaubst, aus der Masse herauszutreten … wenn du dir erlaubst, im Bedarfsfall gegen den Strom zu schwimmen … wenn du dir manchmal auch ungewöhnliche Handlungen erlaubst … anstatt deinem Glauben treu zu bleiben, „brav" und „normal" sein zu müssen. Hat es geklickt?

10 – Freude

„Lebensfreude" ... ein beliebtes Schlagwort unserer Zeit. Aber wie kommt man dazu, jeden Tag Freude am Leben zu haben? Vielleicht hast du dir diese Frage schon öfter gestellt. Die Karte möchte dir ein paar Tipps dazu schenken. Vorab der wichtigste: Riskiere einen beherzten Blick in deine gedankliche Welt ○ MAULWURF 1-S, um jene dunklen Bereiche aufzudecken, die deiner konstanten Lebensfreude bis jetzt im Weg standen. Gibt es zum Beispiel jemanden, dem du heute immer noch wegen einer alten Geschichte grollst ○ EULE 2-V? Hast du dich mit deiner Vergangenheit einmal genügend auseinandergesetzt ... die begleitenden, negativen Gedanken akzeptiert und dann aufgegeben ○ HUND 6-L und ○ EULE 5-R? Befindest du dich jetzt gerade in einer unangenehmen Situation, die eine Entscheidung aus Liebe zu dir selbst verlangt? Bitte zögere nicht länger – sondern handle ... und genieße dein wachsendes Freiheitsgefühl!

Freude hast/spürst du dann, wenn du Freude schenkst! Denn *„Geben und Empfangen sind eins"* (aus: Ein Kurs in Wundern). Das bedeutet ▶ Je mehr du Freude zu **geben bereit bist,** desto größer wird **deine** Lebensfreude!

Selbstverständlich kannst du auch dir selbst jeden Tag eine kleine/große Freude schenken – oder es gefällt dir zunehmend besser, anderen Menschen ○ CHAMÄLEON 2-K oder deinen Haustieren ... deinen Zimmer- oder Gartenpflanzen ○ MAULWURF 6-P eine Freude zu machen. Wie auch immer du mit dem „Freude schenken" beginnst ... möge es kein Lippenbekenntnis, sondern von Herzen sein. Wenn du dich ein bisschen auf den „Freudeempfänger" einstimmst ... „Worüber könnte er/sie/es sich freuen?" ... fällt dir bestimmt etwas ein. Vertraue deinem ersten Gedanken, deiner Intuition! Nachfolgend ein kleiner Freude-Schenken-Katalog (für Personen) ▶

Abholen (Flughafen, Bahn, Bus, Krankenhaus)
Adressenaufkleber
Anteilnahme beweisen
beim Entrümpeln helfen
beim Großeinkauf helfen
beim Umzug helfen
Blumen
Buch
Einladungen zum ...
Genesungsbesuch
Glückwunschkarten
Interesse zeigen
Kalender
Kleintransport mit Auto anbieten
lächeln
mitfühlende Worte

praktische Tipps (Haushalt, Mode, Kochen, Behörden, Computer ...)
Selbstgemachtes (Kuchen, Zeichnung, Bild, Handarbeit ...)
Stickers
Süßigkeiten
Theater-/Kinokarten
umarmen
Visitenkarten
vorlesen
zuhören

Du bist auf der Welt, um glücklich zu sein und dich am Leben zu erfreuen! Kann es dann noch schwierig sein, dich aus dem Sumpf trüber Gedanken zu befreien ○ HUND 2-G und dir selbst und anderen Menschen Freude zu schenken? Es muss nichts Großartiges sein, das Herzen öffnet ... manchmal genügt schon ein lustiges Zuzwinkern ... oder deine wärmende Hand, die ein vormals trauriges Gesicht zum Leuchten bringt. Wärme auch **dich,** verwöhne dich, achte dich, schätze dich und belohne dich auch für jede Kleinigkeit, die dir gelungen ist. Dann wird die Freude sehr rasch zur Lebensmaxime für dich werden!

ANHANG

Auflösung zu DROMEDAR 7-F

Jene Eigenschaften, die du an deinem Lieblingstier bewunderst und schätzt ...
sind Eigenschaften, die du an dir selbst bewunderst und schätzt. Eigenschaften, die du einem Tier zuschreibst, das du nicht ausstehen kannst ...
sind Eigenschaften, die du dir selbst nicht erlaubst auszuleben – obwohl du das Potenzial dafür besitzt. „Nein, sicher nicht", höre ich deinen Einwand. Würdest du diese hassenswerten Eigenschaften tatsächlich nicht im tiefsten Innersten verbergen, dann wären sie dir gar nicht eingefallen.

Auflösung zu GÄMSE 4-S

Die Beschreibung „deines" Meers sagt sehr viel über deine momentane Einstellung zu Liebe und Partnerschaft aus. So wie dein Meer jetzt gerade aussieht – glatt oder bewegt –, so gelassen oder aufgewühlt stehst du zur Liebe. Wenn du dich am Strand befindest, bleibst du lieber „draußen" und beobachtest, anstatt dich einzulassen. Bist du im – seichten oder tiefen – Wasser, bevorzugst du eher oberflächliche oder tiefgründige Liebesbeziehungen. Schwimmst du weit hinaus ins sehr tiefe Wasser, gleichgültig ob keine oder hohe Wellen, bist du bereit, dich voll und ganz auf die Liebe mit all ihren Konsequenzen einzulassen.

Mögliche positive Varianten zu HUND 4-SP

Wo habe ich die Socken versteckt?
Diese Aufgabe ist vielleicht meine Chance.
Ich liebe es, mit beiden Händen zu lenken.
Ich überlege gerade, ob ich mitmachen will.
Ich bin bereit, meine Talente auszugraben.
Zum Wechseln platter Reifen gibt es eine Telefonnummer.
Ich möchte/ich will jetzt XY anrufen.
Ich bringe dich gerne nach Hause!
Ich möchte/ich will abnehmen.
Alles braucht seine Zeit … und die nehme ich mir.
XY benahm sich außergewöhnlich.
Das macht mich neugierig!

KONTAKT

Wenn du mit Christa Kössner Kontakt aufnehmen willst, besuche ihre Homepage

http://members.vienna.at/koessner

oder wende dich an den
Ennsthaler-Verlag, 4400 Steyr, www.ennsthaler.at

Notizen

Notizen

Notizen